2733 REIN. SSilk! Weihnachten 173893

htskrippe

Gloria in Excelsis Deo

Ehre sei Gott in der Höhe

Spruch auf Schleifen und Bändern für die Gloriole
oder gestickt auf unseren Krippentüchern.

Günther Reinalter

Die schönsten Krippen bauen

Auflage:
6   5
2018   2017

© 2008 by Löwenzahn in der Studienverlag Ges.m.b.H., Erlerstraße 10, A-6020 Innsbruck // e-mail: loewenzahn@studienverlag.at, homepage: www.loewenzahn.at // Bibliografische Information Der Deutschen Bibliothek: Die Deutsche Bibliothek verzeichnet diese Publikation in der Deutschen Nationalbibliografie; detaillierte bibliografische Daten sind im Internet über <http://dnb.ddb.de> abrufbar. // ISBN 978-3-7066-2432-9 // Grafische Konzeption: Kurt Höretzeder, Büro für grafische Gestaltung, Scheffau/Tirol // Satz: Marlen Hundertmark // Umschlag: Stefan Rasberger // Fotos: Günther Reinalter // Lektorat: Verena Wohlfart // Alle Rechte vorbehalten. Kein Teil des Werkes darf in irgendeiner Form (Druck, Fotokopie, Mikrofilm oder in einem anderen Verfahren) ohne schriftliche Genehmigung des Verlages reproduziert oder unter Verwendung elektronischer Systeme verarbeitet, vervielfältigt oder verbreitet werden. // Gedruckt auf umweltfreundlichem, chlor- und säurefrei gebleichtem Papier.

Günther Reinalter

Die schönsten Krippen bauen

Das umfassende Handbuch

7	**Vorwort von Anni Jaglitsch**	59	Farbensymbolik in Verbindung mit wichtigen Figuren
11	**Einleitung**	59	Grundfarben zum Fassen der Krippe
11	Krippentradition in Tirol	59	Wie viel Farbe verträgt eine Krippe?
13	Wegweisende Persönlichkeiten der Tiroler Krippenbaukunst	61	Fassen mit Pulverfarben
		62	*Farbpalette im Krippenbau*
17	**Krippenkalender**	63	Beizen
23	**Grundlagen**	67	**Werkraum und Werkzeuge**
23	Grundlagen zum Krippenbauen	67	Der ideale Arbeitsplatz
25	10 Krippenbau-Regeln	68	Handwerkzeug
		70	Elektrische Kleinmaschinen
29	**Krippenarten**	71	Werkzeug für die Krippenbeleuchtung
29	Krippenarten allgemein		
31	Übersicht der verschiedenen Krippenarten	75	**Materialien**
33	Krippenarten von A-Z	75	Materialübersicht
39	Entwicklung und Geschichte des Götzner Krippenberges	79	*Wichtige unverzichtbare Materialien für den Krippenbauer*
		81	Mörtel
45	**Krippenfiguren**	82	Verstreichmasse
45	Auswahl und Erwerb der Krippenfiguren	82	Masse zur Herstellung von Steinchen
47	Aufstellungsplatz der wichtigsten Figuren	83	Krippenstreu
47	Das richtige Lagern der Figuren	87	Wasser
49	Verschiedene Figurenarten		
53	Verschiedene Fassungen von Figuren	93	**Krippenmeter, richtiges Größenverhältnis und Perspektive**
57	**Krippenfarben**	96	Krippenmeter
57	Symbolische Bedeutung der Farben	96	Krippenumrechnungszahl
58	Farben der Krippenfreunde und der Krippenfahne	97	Krippenmessstab
		99	Perspektive

105	**Krippenteile**	187	**Hintergrund**
105	Balkon	187	Eine Kunst für sich
108	*Einfache Herstellung von Balkonbrettchen*		
111	Brücke	193	**Schritt für Schritt zur eigenen Krippe**
114	Brunnen		
117	*Die einfachste Art einen Almbrunnen herzustellen*	193	Ein Überblick
		194	*In 46 Schritten zur eigenen heimatlichen Krippe*
119	Krippendach		
121	*Aus einem Holzstück fertigen wir ein Schindeldach*	202	*In 46 Schritten zur eigenen orientalischen Krippe*
123	*Orientalische Krippendächer aus Makkaroni-Nudeln*	213	**Spezialitäten des Krippenbaus**
124	Kamine	213	Winter- oder Schneekrippen
125	Fenster und Türen	216	Baumschwammkrippen
131	Gebäude-, Stein- und Krippenmauern	223	Biblische Figuren – Beschreibung und Herstellung in Bildern
137	Stall oder Grotte, Gelände und Felsen		
141	Krippenzaun	225	*Materialien, Aufbau und Herstellung Biblischer Figuren*
144	Heimatliche Krippenteile		
148	Orientalische Krippenteile	229	Papierkrippen und Figuren
153	Verschiedene Kleinteile	232	*Figuren zum Ausschneiden*
		237	Fastenkrippen
159	**Krippenbotanik**		
159	Das richtige Material	245	**Anhang**
160	„Hirschhoadrich", Hirschheiderich oder Alpenazalee	245	Österreichische Krippenverbände
		250	Arbeitskreise und Gruppen, die mit Biblischen Figuren arbeiten
163	Bäume		
168	Efeu	251	Krippenmuseen
169	Kakteen	252	Internationale Krippenverbände
171	Palmen	254	Glossar
		256	Nachwort
177	**Beleuchtung**		
177	Gestaltungsmöglichkeiten mit Licht		
180	*Sorgfältiges Arbeiten an der Beleuchtung erhöht die Sicherheit!*		

◆ Vorwort

Liebe Krippenfreunde!

Schon seit dem 17. Jh. werden in unserem Land mit großer Begeisterung Krippen gebaut. Die Liebe zur und das Bewusstsein für die Krippe sind bis heute geblieben und mit starkem Glauben und viel Fantasie empfinden die Menschen das Ereignis der Heiligen Nacht in ihren Krippen nach.

Das Fachwissen des Krippenbauens wurde schriftlich und mündlich immer wieder weitergegeben. Das oberste Gebot jedes Krippenbauers ist, seine neuesten Fertigkeiten in Technik und Gestaltung den Interessierten nahezubringen und ihnen mit Rat und Tat zur Seite zu stehen. Es gilt die Krippe jedem zugänglich zu machen, um das große Fest der Menschwerdung im Jahreskreis unserer Religion anschaulich zu begehen.

Dieses Ziel hat sich der Krippenfreund und -baumeister Günther Reinalter gesetzt.

Mit viel Können und Liebe zur Krippe soll dieses Buch einen Einblick in die Geheimnisse des Krippenbauens geben und die Menschen zur Krippe führen.

Im Namen der Tiroler Krippenfreunde möchte ich mich für die Mühe und Sorgfalt bei der Gestaltung dieses Buches bedanken und wünsche viel Erfolg beim Krippenbau.

Anni Jaglitsch,
Obfrau des Landeskrippenverbandes Tirol

Einleitung

Krippentradition in Tirol

Es ist bekannt, dass es in italienischen Kirchen bereits im 4. Jh. Darstellungen der Heiligen Familie im Stall zu Bethlehem gegeben hat. Aber erst durch den hl. Franz von Assisi, der um 1220 eine Krippe mit Jesuskind in einem Wald aufstellte, wurde der Krippengedanke geboren.

Aus Südtirol ist das berühmte Krippenbild des Altars von Schloss Tirol um 1370 zu erwähnen. Große Verbreitung fand die plastische Darstellung der Geburt Christi durch das Konzil von Trient um 1550, nach dem religiöse Spiele und Darstellungen zur Stärkung des katholischen Glaubens gefördert wurden. Die Krippentradition in Tirol lässt sich bis ins 17. Jh. zurückverfolgen. In den Jesuitenkirchen in Innsbruck und Hall in Tirol wurden Krippen bereits 1608 erwähnt.

Im Laufe der Jahrhunderte entstanden in Österreich unzählige Krippendarstellungen. Fastenkrippen fanden ihren Platz hauptsächlich in Klöstern, Stiften, Pfarren und Museen. Weihnachtskrippen stellte man ursprünglich nur in Kirchen und Klöstern auf. Zur Zeit der Aufklärung, um 1780, wurden jedoch die Krippen aus den Kirchen verbannt. Deshalb hielten sie Einzug in die Bürger- und Bauernhäuser, wo man sie dankbar aufnahm und sorgsam hütete.

Die ersten Figuren in Weihnachtskrippen waren noch mit Wachsköpfen und geschnitzten Händen und Füßen versehen. Gegen Ende des 18. Jh. gestaltete man vor allem gemalte Papierkrippen und ab dem 19. Jh. wurden die biblischen Szenen mit geschnitzten Figuren dargestellt.

Das Aufkommen des Nazarenerstils in der Kunst bewirkte eine Verstärkung des orientalischen Charakters. Die meisten historischen Krippenberge wurden dem Orient nachempfunden und mit heimatlichen Szenen und Darstellungen vermischt.

Besonders ausgeprägt war die Krippenbaukunst seit jeher im Salzkammergut, in der Umgebung von Steyr und in Tirol. Letzteres entwickelte sich allmählich zum berühmtesten Krippenland im gesamten Alpenraum. Auch die österreichweite Krippenvereinsbewegung fand 1909 ihren Ursprung in Tirol und erst 1954 wurde, nach diesem Beispiel, der Verband der Krippenfreunde Österreichs ins Leben gerufen, worauf Gründungen in den anderen Bundesländern folgten.

Die ältesten und bekanntesten Krippendörfer in Tirol liegen alle im Raum Innsbruck und laden die krippenbegeisterte Bevölkerung zum traditionellen „Krippeleschaugn" ein. Orte wie Götzens, Axams, Oberperfuß, Inzing, Zirl und Thaur freuen sich in der Zeit vom 6. Jänner (Heilige Drei Könige) bis zum 2. Feber (Maria Lichtmess) – in Thaur nur bis zum 15. Jänner (hl. Romedius, Beginn der Fasnacht) – auf viele Krippenbesucher; natürlich nur nach Vereinbarung und Anmeldung beim örtlichen Krippenverein (Adressen siehe Anhang ab S. 245).

Viele berühmte Papierfigurenmaler, Figurenschnitzer, Krippenbergbauer und Hintergrundmaler sind aufgrund zahlreicher, meisterhafter Darstellungen in die Geschichte eingegangen. Die bedeutendsten sollen kurz vorgestellt werden.

Wegweisende Persönlichkeiten der Tiroler Krippenbaukunst

Bekannte Papierfigurenmaler

Josef Giner (Klausenseppl)	1730–1803	Thaur
Georg Haller (Doresenbauer)	1771–1838	Götzens
Johann Leitl	1775–1863	Thaur
Felix Kirchebner	1783–1840	Götzens
Josef Kramer (Mundler)	1783–1855	Thaur
Felix Haller	1808–1883	Götzens/Gnadenwald
Andrä Leitl	1815–1899	Thaur

Bekannte Figurenschnitzer

Johann Probst	1721–1773	Sterzing
Johann Nepomuk Giner d. Ä.	1756–1833	Thaur
August Alois Probst	1758–1807	Sterzing
Josef Benedikt Probst	1773–1861	Brixen
Johann Nepomuk Giner d. J.	1806–1870	Thaur
Franz Pernlochner I.	1809–1888	Thaur
Max Gehri	1847–1909	Innsbruck
Josef Lederle (Störschnitzer)	1859–1923	Flaurling
Johann Seisl	1861–1933	Wörgl
Alexander Öfner (Xander)	1865–1945	Zirl
Josef Bachlechner d. Ä.	1871–1923	Hall
Romed Speckbacher	1889–1972	Thaur
Josef Spiegl	1900–1987	Oberperfuß
Rupert Reindl	1908–1989	Igls

Bekannte Krippenbergbauer und Hintergrundmaler

Georg Haller (Doresenbauer)	1771–1838	Götzens
Josef Kramer (Mundler)	1783–1855	Thaur
Max Gehri	1847–1909	Innsbruck
Johann Kratzer (Sonneler)	1855–1942	Inzing
Franz Eigentler (Hauser)	1856–1929	Götzens
Franz Seelos d. Ä.	1875–1941	Zirl
Franz Pernlochner III.	1877–1954	Thaur
Franz Seelos d. J.	1905–1962	Zirl

◆ Krippenkalender

11. November

Martinsumzug, Beginn der Fastenzeit

1. Adventsonntag

„Der Prophet", „Weißer Reiter" oder „Goldenes Rössl", Neuanfang
„Die prophetische Verheißung"

Beginn der „fröhlichen Krippe"

8. Dezember

Maria Empfängnis, die Verkündigung wird aufgestellt (in manchen Gegenden erst am 18. Dezember)

2. Adventsonntag

Josefs Traum, Maria Heimsuchung (Gang über das Gebirge und Besuch bei der Base Elisabeth)

3. Adventsonntag

Reise nach Bethlehem, Volkszählung und Herbergsuche

21. Dezember

„Thomas-Tag", mancherorts werden an diesem Tag die Krippen aufgestellt

Der Prophet.

Weißer Reiter.

Herbergsuche.

Geburt, Anbetung der Hirten.

Verkündigung an die Hirten.

24. Dezember

Volle Krippenaufstellung, Heilige Familie mit Ochs und Esel, Geburt im Stall, Verkündigung an die Hirten

25. Dezember

Anbetung der Hirten

27. Dezember

Flucht nach Ägypten

28. Dezember

Kindermord von Bethlehem und Tod des Herodes

31. Dezember

Darstellung Jesu im Tempel mit Lobpreis des Simeon und der Prophetin Anna, mancherorts bereits die Beschneidung des Herrn

Flucht nach Ägypten.

Der Kindermord.

Reiterzug.

1. Jänner

Königszug „Reiterei", die Weisen aus dem Morgenland vor König Herodes, mancherorts erst jetzt die Beschneidung des Herrn

6. Jänner

Heilige Drei Könige, Anbetung der Weisen aus dem Morgenland verkörpert durch Kasper, Melchior und Balthasar – in einigen Orten um einen vierten König namens Artaban ergänzt – mit ihren Gaben

1. Sonntag nach 6. Jänner

Der 12-jährige Jesus im Tempel, Abschied der Könige

2. Sonntag nach 6. Jänner

Hochzeit zu Kanaa, Triumph des Namens Jesu

2. Feber

Maria Lichtmess, Lichterprozession, die Weihnachtskrippen werden abgebaut und für den Rest des Jahres sorgsam verstaut

Ende der „fröhlichen Krippe"

Aschermittwoch

Die Fastenkrippen werden aufgestellt

Beginn der „ernsten Krippe" oder „Passionskrippe"

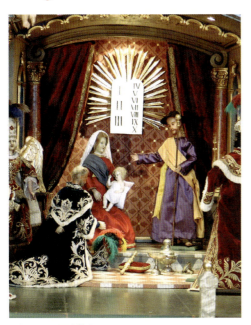

Anbetung der Könige.

Traditionell wird die Krippe, dem Kalender folgend, am Anfang der Adventzeit auf- und nach und nach werden die verschiedenen Figuren dazugestellt und erst am Ende der Weihnachtszeit abgebaut und aufgeräumt. Doch in der heutigen, schnelllebigen Zeit finden Krippen zunehmend erst wenige Tage vor dem Christfest einen Platz in der häuslichen Umgebung.

◆ Grundlagen

Eine Krippe zu bauen ist keine Hexerei. Gestaltungsgrundsätze, Überlegungen zur Wahl des Aufstellungsortes, der Krippengröße und der Figuren erleichtern den Einstieg in das Unternehmen Krippenbau.

Stellen Sie sich gleich zu Beginn die richtigen Fragen und dem Erlernen dieses traditionsreichen Handwerks steht nichts mehr im Wege!

Grundlagen zum Krippenbauen

Prinzipiell ist zu sagen, dass der Krippenbau nicht mit dem Modellbau vergleichbar ist, denn bei einer Krippe kann auf zu feine und genaue Details verzichtet werden. Das Zentrum einer Krippe bildet immer die Geburtsgrotte beziehungsweise der Stall mit der Heiligen Familie. Den „Krippeleschauger" sollen nicht das Hirtenfeld, die Stadtteile oder nebensächliche Geschehnisse von der Geburtsgruppe ablenken. Es ist das Ziel des Krippenbauers, dass sie als Erstes wahrgenommen wird.

Darüber hinaus ist es wichtig, sich nicht nur darauf zu konzentrieren, eine schönere oder bessere Krippe als der Nachbar anzufertigen. Krippenbauen sollte kein Wettkampf sein, denn es gibt keine Krippe, die nicht schön ist.

Für ihren Besitzer ist jede Krippe etwas Besonderes und Wertvolles. Seit Jahrhunderten bereichert die Liebe zur ihr das Leben vieler Menschen und jedes Jahr ist die eigene Krippe die schönste. Keine umfasst den ganzen Reichtum an Szenen, Figuren oder Stationen; es gibt immer neue Figuren und unbekannte Variationen, um den Bestand einer Krippe zu vergrößern oder neu zu entdecken!

Hier sei noch auf zwei Sprichwörter verwiesen, die viel über die wichtigsten Gestaltungsgrundlagen für einen Krippenbauer aussagen:

- „Weniger ist mehr!"
- „Das Schöne ist immer einfach, das Einfache immer schön!"

Schnörkel, Verzierungen und übertriebener Kleinkram machen eine Krippe nicht immer schöner, viel Gold und glänzende Farbgebung nicht unbedingt besser. Die Schönheit einer Krippe kommt am besten durch schlichte Gestaltung und ausgewogene Naturfarben zur Geltung.

Platzwahl

Die Krippe verdient einen ehrenvollen und für alle Familienmitglieder gut einsehbaren Platz im Wohnraum, an dem sie nicht im Weg steht.

Sie irgendwo abzustellen, damit man behaupten kann, eine Krippe zu besitzen, ist zu wenig. Da Weihnachtskrippen Ruhe und Frieden in unseren von Hektik gezeichneten Alltag bringen können, ist als Aufstellungsort ein Raum, in dem man den größten Teil des Tages verbringt, am besten geeignet. Ein solcher Ort kann auch ein Platz im Bücherregal oder ein während der Krippenzeit ausgeräumtes Kästchen im eingebauten Wohnzimmerschrank sein.

Krippenberg-Größe

Folgende Punkte sind wichtig und müssen schon vor Baubeginn überlegt werden.

Die Größe einer Krippe hängt vom zur Verfügung stehenden Platz für ihre Aufstellung ab. Auch gilt es zu bedenken, dass umso mehr Figuren benötigt werden – die sehr teuer sein können – , je größer eine Krippe ist. Ein geeigneter Ort für ihre Aufbewahrung während des restlichen Jahres sollte ebenfalls vorhanden sein und darf bei der Planung der Krippengröße nicht vergessen werden.

Art der Krippe

Eigentlich passen in jedes Zuhause, ob rustikal oder modern eingerichtet, alle Arten von Krippen. Bei vorhandenen Figuren erübrigt sich meist die Entscheidung, welche Art von Krippe gebaut wird, denn ein Hirte mit Tiroler Hut und eine Magd mit Trachtenschürze kommen in einer orientalischen Krippe nicht recht zur Geltung.

Größe der Figuren

Wenn bereits Figuren vorhanden sind, muss der Krippenbauer die Höhe und das Volumen der Gebäude, der Geburtsgrotte und des Hirtenfelds an diese anpassen.

Bei der Neuanschaffung entscheiden häufig die finanziellen Möglichkeiten über den Kauf von maschinell gefertigten oder handgeschnitzten Figuren.

Der große Vorteil von handgeschnitzten Figuren ist, dass man sich mit dem Schnitzer, meist ein Künstler, über die Größe und Art der Figuren sowie die Anzahl der Figurengruppen unterhalten und dadurch die Figuren an die Krippe anpassen kann. Aber auch bei maschinell gefertigten, fast immer „Grödner", Figuren hat man eine große Auswahl an Größen zwischen 10 und 12 cm.

10 Krippenbau-Regeln

1. Bevor man an die Arbeit geht, sind der Aufstellungsort, das Ausmaß und die Art zu bestimmen.

2. Den Bau für eine bestimmte Figurengröße planen und sich auch danach richten.

3. Erstellung einer Skizze: Wo befinden sich das zentrale Geschehen, das Hirtenfeld, der Stadtteil? Dabei entscheiden, ob es einen Hintergrund geben wird oder nicht.

4. Vor Arbeitsbeginn das Werkzeug und die Materialien bereitstellen.

5. Nägel und Nagelköpfe dürfen unter keinen Umständen sichtbar sein! Abzwicken oder mit Mörtel verdecken.

6. Um Teile zu verbinden, wird stets geleimt und genagelt, dort wo Nägel zu groß und sichtbar wären, wird nur geleimt.

7. Proportionen: alle Maße genau aufeinander abstimmen, Verwendung des Krippenmeters, der Krippenumrechnungstabelle oder des Krippenmessstabs.

8. Perspektive: Alle rückwärts stehenden Teile müssen entsprechend kleiner sein als die im Vordergrund platzierten.

9. Gebäude, Türen, Fenster, Bäche und Wege sollten so gebaut werden, dass sie realistisch wirken.

10. Kitsch und überflüssiger Kleinkram sollten vermieden werden.

◆ Krippenarten

Krippen haben seit Jahrhunderten ihren festen Platz im lebendigen Brauchtum. Lernen Sie die Vielfalt der Krippenwelt von der orientalischen bis zur heimatlichen Krippe, von der Schnee- bis zur Baumschwammkrippe kennen und machen Sie sich ein Bild von der Bandbreite an Möglichkeiten, bevor Sie mit den eigenen Händen zur Tat schreiten.

Krippenarten allgemein

Bevor im 19. Jh. der Christbaum allgemeine Verbreitung fand, stand die Krippe im Mittelpunkt der katholischen Weihnachtsfeier im Kreis der Familie. Hauskrippen sind noch heute fester Bestandteil des häuslichen Weihnachtsschmucks und werden in allen erdenklichen künstlerischen Stilen und Materialien gefertigt.

Die Welt der Weihnachtskrippen ist vielseitiger, als man denken möchte. Es ist nicht so, dass man die Heilige Familie mit Ochs und Esel schnitzt und ein paar Hirten dazustellt und dann ist die Krippe fertig. Vielmehr muss zunächst zwischen Stall-, Höhlen-, Tempel-, Kasten-, Landschafts- und Bretterkrippen unterschieden werden.

Zu den häufigsten Arten von Krippen gehören solche aus Holz und Papier. Die in Handarbeit hergestellten Figuren sind dabei in den meisten Fällen besonders detailgetreu und mitunter auch sehr wertvoll. Es gibt Krippen allerdings auch aus anderen Materialien wie Pappmaschee, Zinn, Lehm, Ton, Terrakotta oder Wachs.

Krippen sind immer auch Spiegelbilder der Zeit und der Umgebung, in welcher sie entstehen. Bei venezianischen Krippen der Renaissance sind Josef und Maria in edle Gewänder gehüllt und der Stall

Kirchenkrippe, Figuren mit Wachsköpfen.

Stilkrippe.

ist als Palast gestaltet; man wollte sich damals keinen armen Jesus vorstellen. Dagegen wachsen bei Krippen, die in den Tropen gebaut werden, wie selbstverständlich Palmen hinter dem Stall.

Eine spezielle Art ist die lebendige Krippe. Das Besondere dabei ist, dass die Weihnachtsgeschichte mit Menschen in den Rollen von Maria und Josef, den Weisen und Schäfern nacherzählt wird. Die Aufführung solcher Krippenspiele findet vor allem am Heiligen Abend in Kirchen statt. Diese Art der Darstellung geht übrigens auf den hl. Franz von Assisi zurück, der im Jahre 1223 auf diese Weise die Szene der Geburt Christi mit Menschen und Tieren nachempfand.

Im Zusammenhang mit der Weihnachtsgeschichte sind Krippen am bekanntesten. Egal ob in Kirchen oder in Privatwohnzimmern, Krippen sind ein fester Bestandteil der Adventzeit und der Festtage um den Heiligen Abend. Zur figürlichen Darstellung der Geburt Jesu Christi gehören das Jesuskind, Maria und Josef ebenso wie die Hirten mit ihren Schafen, die Weisen aus dem Morgenland, die Engel und nicht zu vergessen Ochs und Esel. Neben Weihnachtskrippen gibt es aber auch solche, die andere biblische Ereignisse aus dem Leben Jesu zeigen, z.B. die Leidensgeschichte. Nach wie vor eine der berühmtesten Krippenarten ist die Neapolitanische Krippe. Sie zeigt die Geburt Christi eingebettet in äußerst aufwendige und detailreiche Straßen- und Marktszenen, wobei das eigentliche Thema oft zur Nebensache wird. Im Barock entstanden in Österreich (Tirol, Vorarlberg, Salzburg) und Süddeutschland (Bayern, Schwaben, Allgäu) viele Krippen nach neapolitanischem Vorbild und auch heute neigt man wieder zu dieser szenenreichen Art des Krippenbauens.

Tempelkrippe, Tempelruine.

Heimatliche Landschaftskrippe.

Übersicht der verschiedenen Krippenarten

Nach dem Ort der Aufstellung unterscheidet man:

- Kirchenkrippen
- Klosterkrippen
- Dorfkrippen
- Hauskrippen

Nach der Art der äußeren Gestaltung unterscheidet man:

- Stallkrippen
- Höhlenkrippen
- Tempelkrippen
- Landschaftskrippen
- Bretterkrippen (bühnenartiger Aufbau)
- Papierkrippen
- Wurzelkrippen
- Baumschwammkrippen
- Mechanische Krippen

Nach dem Stil unterscheidet man:

- Kastenkrippen
- Schneekrippen
- Stilkrippen (ohne erkennbaren Stil, meist nur Figuren)
- Orientalische Krippen
- Heimatliche Krippen
- Neapolitanische Krippen (szenenreiche Darstellung)
- Sizilianische Krippen (bekleidete Terrakottafiguren)

Nach der Machart der Figuren unterscheidet man:

- geschnitzte Krippen (Figuren aus Holz, evtl. auch bekleidet)
- Loammandl-Krippen (aus Lehm, mit Formen gefertigt)
- Santons-Krippen (provenzalische Krippenfiguren aus Ton oder Terrakotta)
- Terrakotta-Krippen
- Wachs-Krippen
- Pappmaschee-Krippen
- Krippen mit biblischen Figuren und Erzählfiguren
- Zinnkrippen

Nach den dargestellten Szenen unterscheidet man:

- Weihnachtskrippen (gesamte Weihnachtsgeschichte)
- Fastenkrippen (Leidensgeschichte)
- Jahreskrippen (gesamtes Kirchenjahr kann dargestellt werden)
- Simultankrippen (mehrere Darstellungen gleichzeitig)
- Wechselkrippen (verschiedene Szenen sind mit den gleichen Figuren möglich)

Krippenarten von A-Z

Auszieh- oder Postkartenkrippen werden die auf Postkartenkarton gedruckten und ausgestanzten Kulissenteile, die zum Öffnen auseinandergezogen werden, genannt. Sie haben in jedem Kuvert Platz, gleichen einer Guckkastenkrippe und finden durch ihre Mechanik besonders bei Kindern großes Gefallen.

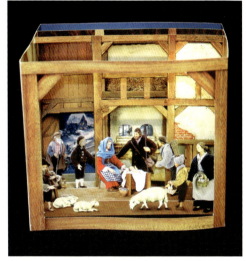

Ausziehkrippe.

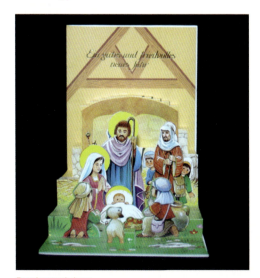

Postkartenkrippe.

Baumschwammkrippen sind in letzter Zeit sehr beliebt, weil sie kaum Platz benötigen und wie ein Bild an die Wand gehängt werden können. Die Krippenszenerie wird auf die flache Seite des Baumschwammes gebaut und mit kleinen 4-6 cm großen Figuren (im guten Krippenfachhandel erhältlich) bestückt. Dabei ist die Darstellung der Landschaft und der Gebäude auf das Wesentliche reduziert. Nach der Fertigstellung wird der ausstaffierte Baumschwamm auf einen Hintergrund mit Aufhängevorrichtung montiert.

Bretterkrippen sind ähnlich wie Papierkrippen nur für größere Figuren bestimmt. Diese werden auf Holzbretter gemalt, ausgesägt und zu einer Krippe zusammengestellt. Großformatige, kulissenartige Bretterkrippenteile dienen nach Vorbild des barocken Kulissentheaters als zweidimensionale Versatzstücke für den Aufbau von Hochaltarkrippen und vor allem für Hl. Gräber.

Drehkrippen werden durch eine Drehscheibe, eine Kurbel oder einen Motor angetrieben. Diese lassen eine Vielfalt von Wechselszenen und Standbildern vorbeiziehen. Man findet Drehkrippen mit verschiedensten Variationen der Weihnachts- und Leidensgeschichte. Sie können als Drehbühne für Kastenkrippen oder für karussellartige Gebäude gebaut sein.

Eckkrippen sind für eine Ecke oder eine Fensternische im Wohnraum bestimmte kleine Krippen, die besonders in der heutigen Zeit als Hauskrippen sehr beliebt sind. Sie benötigen wenig Platz und stellen meist nur eine Szene dar. Oft nehmen Eckkrippen deshalb den Platz des Herrgottswinkels ein.

Fastenkrippen (auch „Passionskrippen", „Leidenskrippen" und „Ernste Krippen" genannt) stellen das Leiden Christi dar und sind im orientalischen Stil gebaut (siehe Artikel Fastenkrippen S. 237).

Glaskugelkrippen werden in zweiteiligen Glaskugeln, die in jedem Bastelgeschäft erhältlich sind, gebaut und können als Christbaumschmuck sowie zur Zierde an Fenstern aufgehängt werden.

Hauskrippen sind die zu einem bestimmten Haus gehörenden Krippen, die oft mit dem Haus- oder Familiennamen bezeichnet werden. In früheren Zeiten wurden diese Krippen in der Familie meistens dem Erben des Hauses überschrieben.

Heimatliche Krippen (auch „Landschaftskrippen" oder „Landesübliche Krippen" genannt) sind im ländlichen Baustil der jeweiligen Gegend gebaut. In den Alpenländern können sie mit einem schweren, rustikalen Dachstuhl aus Holz, im Süd-Osten Österreichs mit einem Strohdach gedeckt sein. Als Landschaftsideal gilt üblicherweise die eigene Umgebung mit Kirche, Bauernhäusern und Almhütten. Ebenso können die Figuren in der örtlichen Tracht gekleidet sein und anstelle der Heiligen Drei Könige die Sternsinger die Krippe zieren.

Jahreskrippen stellen Szenen und Stationen dar, die über die Weihnachts- und Leidensgeschichte hinausgehen. Wegen der hohen Anschaffungskosten, der aufwendigen Pflege und des hohen Zeitaufwandes finden wir diese Art von Krippe hauptsächlich in Museen, Kirchen und Klöstern.

Kastenkrippen sind durch Fenster oder Glasscheiben geschlossene Krippen.

Kastenkrippe, Papierkrippe.

Diese Form fand im 18. Jh. ihren Höhepunkt. Der Platzbedarf ist sehr gering, daher werden sie heute wieder gern gebaut. Sie umfassen meist mehrere Figurengruppen und eine Serie von Darstellungen mit diversen Szenen.

Kirchen- und Klosterkrippen dienen – mit Unterbrechungen in der Zeit der Verbote im 17. Jh. – seit jeher zur Belehrung der Gläubigen. Manche sind sehr groß, reich ausgestattet, wertvoll und in einem Seitenraum oder einer Nische untergebracht, häufig von Klosterfrauen und Ordensangehörigen in Eigenarbeiten hergestellt.

Mechanische Krippen unterscheiden sich von Drehkrippen dadurch, dass sich die wesentlichen Teile – wie Figuren, Gruppen, Handwerksgeräte, Mühlen, Wasserräder usw. – auf dem standfesten, bühnenartigen Aufbau mittels ausgeklügelter Mechanik und angetrieben durch kleine Motoren bewegen lassen. Für diese Krippen benötigt man oft ganze Zimmer und Räume zum Aufstellen.

Metallkrippen werden von Krippen- und Metallkünstlern aus den verschiedensten Edelmetallen wie Silber, Bronze, Zinn, Aluminium, Kupfer usw. hergestellt. Sie können geschmiedet, gegossen oder gestanzt sein und die verschiedensten Szenen als Relief darstellen.

Getöpferte Krippe.

Nuss- und Kokosnusskrippen sind in eine aufgeschnittene Kokos- bzw. Walnuss hineingebaute Minikrippen mit kleinen Figuren, die vorwiegend nur die Geburt Christi darstellen. Sie sind beliebte Begleiter auf Reisen und eignen sich auch für den Arbeitsplatz.

Kokosnusskrippe.

Relief-Flügelkrippe.

Orientalische Krippen betonen vor allem die Landschaft des Originalschauplatzes der Geburt Christi:

Karges Gebirge, Wüstencharakter, Palmen und Olivenbäume, Gebäude im Baustil Israels, Palästinas und der arabischen Mittelmeerländer mit kleinen Fenstern, Kuppeldächern, Festungs- und Stadtmauern. Die Figuren sind gekleidet in lange Woll- und Seidenkleider mit Turbanen und Sandalen und stellen auch halbnackte Jugendliche, spielende Kinder und Wasserträgerinnen dar.

Bei orientalischen Krippen versucht man die historische sowie biblische Wahrheit zu suchen und die Glaubensgeschichte zu verwirklichen.

Papierkrippen bestehen aus Figuren und Versatzstücken, die auf Papier oder Karton aufgemalt und ausgeschnitten sind und in einer Landschaft aufgestellt werden (siehe den Artikel zu Papierfiguren S. 229).

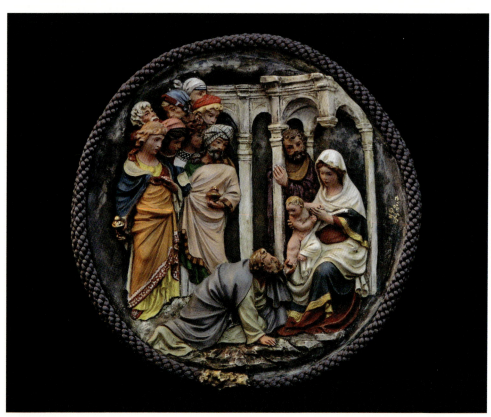

Tontafelkrippe.

Gegossenes Krippenbild im Holzrahmen.

Reliefbild.

Relief- oder Tafelkrippen sind auf flache Holzbretter oder Wurzelstöcke geschnitzt, können aber auch in Stein gemeißelte Blockkrippen sein. Sie werden zum Stellen und zum Aufhängen für Flügelaltäre verwendet.

Schnee- oder Winterkrippen zeigen heimatliche Landschaft mit Eis und Schnee. Beim „Krippeleschaugn" soll der Eindruck entstehen, als ob die Geburt Christi in einem alpenländischen Land stattgefunden hätte (siehe den Artikel zu Schneekrippen S. 213).

Töpferkrippen werden aus Ton, Terrakotta oder Keramik von Kunsthandwerkern hergestellt. Sie können sowohl vollplastisch oder als Relief gestaltet sein, als auch aus einzelnen Figuren bestehen. Am einfachsten können Figuren aus einem Model, wie die „Loammandlfiguren", hergestellt und luftgetrocknet oder im Brennofen gebrannt werden.

Wachskrippen gehören zu den ältesten Krippenformen und werden auch für den Metallguss verwendet. Man findet sie als Klosterarbeiten sowie in alpenländischen Krippenschreinen mit dem liegenden „Fatschenchristkindl". Wachsbossierer stellten vollplastische Figuren genauso her wie Köpfe, Hände und Füße für die mit Stoff bekleideten Drahtpuppen.

Wurzelkrippen bestehen aus Baumwurzeln oder einem Wurzelstock mit Rinden, Moos und anderen aus dem Wald zusammengetragenen Naturmaterialien. Farbige, bekleidete Krippenfiguren beleben diese einfachen, ohne großen Aufwand zusammengestellten Krippen.

Entwicklung und Geschichte des Götzner Krippenberges

Die Entwicklung des Götzner Krippenberges begann vor ca. 250 Jahren mit dem Bau des Tuchberges. Diese alte, schon vergessene Technik, mit geleimten Tüchern den Krippenberg zu bauen, möchte ich kurz vorstellen.

Der Tuchberg ist eine felsenähnliche Krippenlandschaft. Um ihn herzustellen, wurden in Knochenleim getränkte Leinentücher über ein genageltes Holzgerüst gezogen und gespannt. Nach dem Trocknen und Bemalen der Tücher wirkte das so entstandene Gelände sehr naturgetreu.

Welche Materialien verwendete man früher?

- Leinenstoffe (selbst gefertigte Leinenstoffe, meist aus eigenem Flachsanbau hergestellt)
- Heißleim (Perl-, Haut- oder Knochenleim!)
- Grundkreide (Kreidemehl)
- Pulverfarben (natürliche Farbstoffe aus Pflanzen, Ruß und Asche)
- Holzbrett für den Boden
- Holzleisten, Nägel, Reißnägel und Nadeln

Alte Krippenteile aus Karton, Holzleisten, Rinde und Leinenstoff.

Wie wurde vor ca. 200 Jahren gebaut?

Auf einer Grundplatte fertigte man mit Holzleisten ein Gerüst an, Erhöhungen im Gelände wurden mit angenagelten Holzleisten und Holzkeilen fixiert. Die vorbereiteten Tücher wurden in eine Mischung aus heißem Perlleim, Grundkreide und Pulverfarben getaucht. Das getränkte Tuch zog man über das Holzgestell, befestigte es mit Nägeln und formte es so lange, bis die gewünschte Geländeform erreicht war. Um nachträgliches Aufweichen durch die Bemalung zu verhindern, wurde bereits in die Leimkreidemischung die notwendige Farbe mit hineingemischt, sodass nur mehr Ausbesserungen an kleinen Stellen notwendig waren.

Vor 100 Jahren veränderte man den Unterbau

Der Unterbau des Berges wurde, anstatt mit Holzleisten, mit Lärchenrinden aufgebaut. Die Struktur der Lärchenrinde, die schiefersteinartigen Felsen ähnelt, blieb möglichst gut erhalten und wurde nur für ebene Geländeteile mit getränkten Leinentüchern überzogen. Um eine einheitliche Farbgebung des gesamten Geländes zu erreichen, bestrich man die Rinden mit demselben Leimfarbengemisch, in welches das Tuch getaucht wurde. Diese Technik verwendete man für heimatliche genauso wie für orientalische Krippenberge.

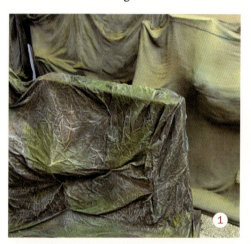

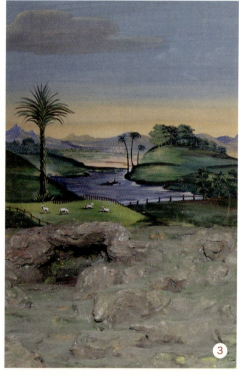

1 Tuchberg: auf Holzleisten gespannte Leinentücher.
2 Tuchberg: auf Lärchenrinden geleimte Leinentücher.
3 Alter Tuchberg mit Hintergrund.

Auf Holz und Karton gemalte Hausteile mit Stadttor.

So bauen wir Krippenberge heute

Der heutige Krippenberg entwickelte sich aus der Suche nach einem Material, in das sich mit Nadeln bestückte Papierfiguren leicht hineinstecken lassen. Schließlich kamen wir auf die Korkrinde, die sich leicht verarbeiten lässt und deren zerklüftete Oberflächenstruktur einer felsigen Landschaft ähnelt. Größere, ebene Flächen werden anstelle des Leimtuches mit Teilen von Weichfaserplatten gefüllt. Nach dem Verstopfen der Löcher mit geraspelter Weichfaserplatte und dem zwei- bis dreimaligen Streichen mit Leimwasser, zum Härten der Oberfläche, kann der Berg mit weißer Dispersionsfarbe grundiert werden. Nach dem Durchtrocknen bekommt der Berg seine Fassung und die Figuren lassen sich leicht auf den gewünschten Platz stecken. Sobald die Figuren entfernt werden, schließen sich die kleinen Löcher der Nadelspitzen wieder.

Teil eines Berges aus Korkrinde.

◆ Krippenfiguren

Die „Stars" jeder Krippe sind die Figuren. Sie erzählen die Geschichten, die dem Betrachter in der Krippenlandschaft anschaulich vermittelt werden. Nehmen Sie sich daher die Zeit und beschäftigen Sie sich ausführlich mit der richtigen Wahl der Figuren – es wird sich lohnen!

Neben wichtigen Kriterien zur Anschaffung von Krippenfiguren erfahren Sie in diesem Kapitel auch, aus welchen unterschiedlichen Materialien Figuren bestehen können und welche Varianten es gibt, diese farblich zu fassen.

Auswahl und Erwerb der Krippenfiguren

Zuerst muss ich mich entscheiden, welche Art und Größe am besten in meine Krippe passt.

Mit dem Kauf der Heiligen Familie wird begonnen, weil sie die wichtigste Figurengruppe in der Krippe ist. Wenn das geschafft ist, hat man bereits den schwierigsten Schritt hinter sich. Zur Heiligen Familie zählen auch Ochs und Esel, die sich im Stall bzw. in der Grotte befinden.

Im zweiten Schritt besorgt man sich 3-4 Hirten mit Schafen, Ziegen und Kleintieren (Hunde, Hennen, Katzen), um ein bisschen Leben in die Krippe zu bekommen. Als Nächstes folgt die Anschaffung der Heiligen Drei Könige mit den dazugehörenden Tieren (Kamele, Pferde, eventuell ein Elefant) und den Geschenken für das Jesuskind. Wenn der Platz vorhanden ist, sollten auch der über dem Stall schwebende Stern von Bethlehem und das Gefolge mit Reiterei nicht fehlen. Weitere mögliche Figuren sind: der Verkündigungsengel für das Hirtenfeld, ein Engel mit Spruchband und goldenem Sternenkranz, die Gloriole mit Gottvater, die Spalierengel vor und die Wachengel im Stall.

Heilige Familie für die Anbetung der Hirten.

Heilige Familie für die Anbetung der Könige.

Gloriole, Sternenkranz mit Gottvater.

In weiterer Folge können Stadtmenschen, Wasserträgerinnen und spielende Kinder angeschafft werden, die je nach Größe der Krippe für Auflockerung sorgen.

Schließlich können noch weitere biblische Szenen, wie die Verkündigung an Maria, die Herbergsuche, die Flucht nach Ägypten oder Josef als Arbeiter verkörpert werden.

Trotz der großen Summe an möglichen Figuren sollte darauf geachtet werden, dass die Krippe nicht überfüllt wirkt, sondern den Eindruck von Harmonie und Ruhe vermittelt.

Heilige Familie für Anbetung der Hirten und der Könige.

Hirten für die Anbetung vor der Heiligen Familie.

Verkündigungshirten.

Hirten für die Stadt und das Hirtenfeld.

Wasserträgerinnen und Brunnenfrauen.

Wachengel oder Spalierengel.

Verkündigungsengel.

Könige für die Anbetung.

Kamel mit Treiber und Gefolge.

Herbergsuche mit Heiliger Familie und Wirt.

Heilige Familie für die Flucht.

Aufstellungsplatz der wichtigsten Figuren

Maria hat ihren Standplatz in fast allen Krippen bei den Hirten und dem Hirtenfeld, vom Betrachter aus gesehen links. Bei ihr steht der Esel.

Josef steht fast immer dort, wo das Volk und die Weisen aus dem Morgenland herannahen, vom Betrachter aus gesehen rechts. An seiner Seite steht der Ochs. Bei der Anbetung der Könige steht Josef auch manchmal vor dem Stall oder dem Gebäude und bittet zum Eintreten.

Melchior, Balthasar und Caspar stehen in dieser Reihenfolge hintereinander.

Das richtige Lagern der Figuren

Am besten eignen sich mit Vlies ausgelegte Holzkisten zum Lagern der Krippenfiguren. Der Raum, in dem man sie aufbewahrt, sollte trocken und nicht zu kalt sein.

Verschiedene Figurenarten

Holzfiguren sind die wohl bekannteste Figurenart. Sie finden wir zur Weihnachtszeit auf allen Märkten im ganzen Land. Bei Ständchen werden vor allem maschinengeschnitzte Figuren angeboten. Diese können aber handgeschnitzte Figuren, die passend zum Krippenberg angefertigt werden, nicht ersetzen.

„Loammandlfiguren" sind aus flach modelliertem Ton gefertigt, werden kalt bemalt und glasiert. Diese reliefartigen Figuren eignen sich für kleinere Eckkrippen und Kastenkrippen mit mehrfachem Stufenaufbau. Man bekommt sie in fertigen Serien bemalt oder in roher Ausführung zum selbst Fassen. „Loammandlfiguren" sind auch unter der Bezeichnung „Nassereither Luemmanndele" bekannt.

Papierfiguren sind der Ursprung der bildlichen Darstellung von Krippen. Sie werden auf Karton gemalt oder können auf vorgedruckten Papierbögen zum Ausschneiden erworben werden (siehe Artikel auf S. 229).

Pappmascheefiguren sind aus Papier und Leim gepresste, bemalte und teilweise auch bekleidete Figuren.

Auf Papier gemalte Engelgruppe mit Geburtsstern.

Handgeschnitzte Engelgruppe mit der Flucht über der Grotte.

Hirt mit Schafgruppe, handgeschnitzt.

Hirt aus Cotto, Kleider bemalt und in Leim getränkt.

Tripi-Figuren aus Sizilien, Cottofiguren mit in Leim getränkten und bemalten Stoffen.

Porzellanfiguren werden hauptsächlich in Porzellanfabriken hergestellt, sind in der Anschaffung sehr teuer und werden heute nur noch in Spanien und Süditalien erzeugt.

Santons-Figuren kommen aus der südfranzösischen Provence und sind luftgetrocknete, bunt bemalte Modelfiguren. Neben den biblischen Gestalten bekommt man auch viele, aus dem Volksleben hervorgegangene, Porträtfiguren.

Terrakotta- oder Tonfiguren sind luftgetrocknete oder im Ofen gebrannte, aus Tonerde handgefertigte Figuren, die mit in Leim getränkten Stoffen bekleidet sind. Ihre Herstellung beschränkt sich heute hauptsächlich auf die Mittelmeerländer Spanien, Südfrankreich, Griechenland und besonders Süditalien, wobei die aus Sizilien kommenden Tripi-Figuren wohl die bekanntesten sind.

Zinnfiguren kennt man hauptsächlich aus dem süddeutschen Raum. Es sind flache, aus silberglänzendem Metall in Schiefermodel gegossene und bemalte Figuren.

Handgeschnitzter Reiterzug, aus der Stadt kommend zieht er in Richtung Grotte.

Handgeschnitzte Gruppe, Engel und Hirt mit Schaf.

Maschinengefräste Figuren und mit Volltonfarben gefasste Engelgruppe.

Verschiedene Fassungen von Figuren

Um auf die unterschiedlichsten Fassungsarten und Möglichkeiten der Figurenbemalung näher einzugehen, müsste man ein eigenes Buch darüber schreiben. Die folgende Übersicht soll daher nur einen kurzen Einblick in die verschiedenen Techniken geben. Diese unterscheidet man je nach Art der Grundierung und der verwendeten Farben.

Für Informationen, wo Fassmalkurse stattfinden, können Sie sich an die Obmänner der örtlichen Krippenvereine wenden, deren Adressen Sie ab S. 245 finden.

Kreidegrundfassung

Zuerst wird das Holz in Leim getränkt, dann erfolgt das Auftragen von Stein- und Bergkreidegrund. Anschließend bemalt man die Figur mit Ölfarbe.

Ölfassung

Zunächst wird die Figur mit weißem, mattem und feinkörnigem Schleifgrund bemalt, dann lässt man sie gut durchtrocknen und erst danach wird sie mit terpentingelöster Ölfarbe gefasst.

Temperafassung

Die Temperafassung verlangt eine dünne Grundierung mit Acryl- oder Temperagrund. Nachdem die Figuren getrocknet sind, werden sie mit Temperafarben bemalt.

Fassung mit Volltonfarben

In diesem Fall erfolgt die Grundierung mit verdünntem Dispersionsgrund und die Bemalung der getrockneten Figur mit Volltonfarben. Das Patinieren erfolgt mit Antik-Wachs (Pflegemittel für antike Möbel) oder Büffel-Glanz (Glanzhärter für Fußboden).

1 Grundierung mit verdünntem Dispersionsgrund.
2 Bei kleineren Figuren empfiehlt sich mit einem beleuchteten Vergrößerungsglas zu malen.
3 Eine ruhige Hand und sichere Pinselführung sind Voraussetzung beim Fassen der Figuren.

◆ Krippenfarben

Farben haben beim Krippenbau eine doppelte Bedeutung. Zum einen sind sie für den realistischen Eindruck der Krippe wichtig und tragen dazu bei, die dargestellte Szene zum Leben zu erwecken. Zum anderen ist die Symbolik der Farben tief im christlichen Glauben verankert, weshalb sie auch für den Krippenbauer eine große Rolle spielt.

Neben der Bedeutung der Krippenfarben lernen Sie in diesem Kapitel die Technik des Krippenfassens und erfahren, welche Farben für Krippen verwendet werden.

Symbolische Bedeutung der Farben

Farben beleben unsere Krippen und wurden schon in vergangenen Zeiten und Kulturen eingesetzt, um bestimmte Aussagen zu treffen. Auch wenn ihr symbolischer Sinngehalt nicht immer der gleiche war, ist ihre Wirkung konstant. Farben sind auch heutzutage nicht frei interpretierbar. Das sieht man daran, dass es keine roten Bäcker, grünen Kaminkehrer, weiße Feuerwehr oder blauen Autorücklichter gibt. Ihre Bedeutung ist vor allem in Bezug auf Kleidung festgelegt, wie beispielsweise das Grün der Jäger oder das Weiß der Ärzte.

Ähnlich, nur noch viel facettenreicher verhält es sich mit den Farben der Heiligen und Krippenfiguren. Bis auf die Tatsache, dass es früher keine chemisch und künstlich hergestellten Farben gab, sondern nur Farben gewonnen aus natürlichen Materialien wie Erde, Steine, Pflanzen, Ruß und Tierkörper. Diese sind heute mit den sogenannten Erdfarben oder Pulverfarben zu vergleichen und beim Krippenbau zu bevorzugen.

Weiß	Reinheit, das Christkind ist mit weißem Leinen bedeckt
Schwarz	Nacht, Tod
Violett	Trauerfarbe bei Figuren in der Fastenkrippe
Braun	das dunkle Feuer der Erde, das Böse, die Verworfenheit
Gold	Prunk, Reichtum
Silber	Reinheit
Gelb	Heiliger Geist
Blau	Treue, Christus, Himmel, Luft, Leben
Rot	Göttlichkeit, Feuer, Liebe
Rot/Gold	Purpurmantel des Königs Melchior
Rot/Grün	Purpurmantel des Königs Balthasar
Rot/Blau	Purpurmantel des Königs Caspar

Farben der Krippenfreunde und der Krippenfahne

- **Gold**
  ist die Krippenförderung

- **Weiß**
  ist die Krippenverehrung

- **Rot**
  ist die Krippenliebe

In den Krippendörfern findet man neben der Eingangstür jener Häuser, die zum Krippenschauen einladen, eine Wandtafel angebracht. Diese ist in den Farben der Krippenfahne gehalten und im weißen Balken steht „Weihnachtskrippe" oder „Fastenkrippe".

Die traditionelle Bedeutung der Farben von biblischen Figuren gilt im Krippengeschehen auch heute noch und hat beim Bauen von Krippen einen beständigen Wert.

Farbensymbolik in Verbindung mit wichtigen Figuren

Jesuskind	in weiße Windeln gewickelt, mit roten oder blauen Bändern kreuzweise umhüllt
Maria	weißes Kleid (Reinheit), rotes Gewand (Liebe, Göttlichkeit), blauer Umhang (Treue, Christus)
Josef	gelbes Untergewand, pflaumenblauer oder violetter Mantel
Stern	golden
Melchior	rot-goldener Purpurmantel
Balthasar	rot-grüner Purpurmantel
Caspar	rot-blauer Purpurmantel

Grundfarben zum Fassen der Krippe

Da es früher keine Chemie gab, verwendete man Erdfarben, die aus natürlichen Stoffen gewonnen wurden. Diese Farben waren nicht so kräftig und intensiv wie heute, wodurch man ruhige, sanfte und harmonische Farbtöne erreichte.

Daher sollte man zum Fassen einer Krippe oder zum Malen eines Hintergrundes die heute in jeder Farbenfachhandlung erhältlichen Pulverfarben (Erdfarben) verwenden, um den Charakter der traditionell sanften Farbgebung und Fassung zu erreichen.

Wie viel Farbe verträgt eine Krippe?

Beim Betrachten mancher Krippen stellt man fest, dass die Krippenbauer ihre Werke nur mit einem einzigen Farbton gefasst, bemalt und gebeizt haben. Als kritischer und fachkundiger Besucher bei Ausstellungen von Krippenbaukursen fällt einem häufig auf, dass die Kursteilnehmer die Krippe nicht selber fassen und bemalen durften, sondern der Kursleiter mit seinen Helfern diese Aufgabe übernommen hat. Schade, denn vor allem das Ausleben des unterschiedlichen Gefühls für Farbgebung und der künstlerischen Ader, die in jedem Kursteilnehmer steckt, machen einen Krippenbaukurs erst interessant. Nicht zu vergessen, dass die Krippe für den Kursbesucher einen viel größeren Wert hat, wenn er sie bis zur Vollendung mit den eigenen Händen gebaut und auch ihre Farbgebung selbst bestimmt hat. Wenn wir unsere schöne Landschaft und Bergwelt, die Felsen und Steine beobachten, entdecken wir eine reiche Farbpalette. Lassen wir uns von ihr anregen und bei der Fassung und Farbgebung vom Gelände und Hirtenfeld unserer Krippe kann eigentlich nichts falsch gemacht werden.

Fassen mit Pulverfarben

Bevor wir beginnen die Krippe zu fassen, müssen alle Teile, die nicht natur bleiben sollen, mit weißer Dispersionsfarbe grundiert werden. Dazu eignet sich am besten ein breiter, geknickter Heizkörperpinsel. Achten Sie auf gleichmäßiges Auftragen; vor allem sollen keine Farblachen entstehen. Vorsicht bei Holzteilen, die noch gebeizt werden müssen! Sparen Sie diese sorgfältig aus, denn die weiße Dispersionsfarbe lässt sich nur schwer wieder entfernen und hinterlässt Flecken. Nach einer Trockenzeit von 20-24 Stunden, je nach Raumtemperatur und Luftfeuchtigkeit, kann mit der Grundfarbe begonnen werden.

Mit weißer Dispersionsfarbe grundierte Krippe.

Farbzusammensetzung der Grundfarbe:

- **Orientalische Krippe:**
  70% Umbra natur, 30% Umbra gebrannt

- **Heimatliche Krippe:**
  60% Umbra natur, 20 Umbra gebrannt, 10% Weiß, 10% Schwarz

Mit Grundfarbe bemalt und verwischt.

Diese Farbzusammensetzung wird mit Wasser zu einer cremigen und dünnflüssigen Farbe vermischt und auf die weißen Teile aufgetragen bis die tiefsten Löcher und Fugen eingefärbt sind. Danach mit einem Baumwolltuch abwischen, bis die Struktur des Geländes, der Steine und Felsen wieder herauskommt. Sollte die Farbe zu stark eingetrocknet sein, kann man sie mit einem Pinsel und ein wenig Wasser anfeuchten. Je nachdem, welchen Farbton der Krippenbauer bei Steinen oder Ziegeln bevorzugt, werden die angefeuchteten Ziegel mit Ziegelrot oder die Steine mit einem Grauton oberflächlich bemalt und mit einem Tuch verwischt.

In Dosen lassen sich Pulverfarben trocken und ohne Lichteinfluss lagern.

◆ Farbpalette im Krippenbau

Farbmuster		heimatlich	orientalisch
	Oxidschwarz	X	X
	Umbra natur	X	X
	Umbra gebrannt	X	X
	Siena gebrannt	X	
	Siena natur	X	
	Satinober dunkel		X
	Satinober hell		X
	Ocker	X	X
	Kadmiumgelb	X	X
	Ziegelrot	X	X
	Oxidrot	X	
	Kadmiumrot	X	X
	Ultramarinblau	X	X
	Chromoxidgrün	X	X
	Viktorgrün	X	X
	Titanweiß	X	X

In den tiefen Stellen muss unbedingt die dunkle Grundfarbe sichtbar bleiben, damit die Schatten- und Tiefenwirkung nicht verloren geht. Zum Schluss sollten noch in jeder Farbe, die wir auf der Farbpalette haben, einige Punkte vorsichtig, nur trocken, aufgetupft und sofort mit einem leicht feuchten Tuch verwischt werden.

Nach dem Trocknen wird die Krippe mit einer hellen Patina versehen. Dazu nehmen wir auf die Spitze eines ca. 5 cm breiten Pinsels etwas weiße Dispersionsfarbe auf und tupfen ihn auf einem kleinen Stück Weichfaserplatte ab. Mit diesem Pinsel wird nun ein feiner Hauch Farbe auf die einzelnen Teile gestrichen, damit die Krippe einen alten Eindruck bekommt. Um sie fertig zu patinieren, sprühen wir wasserlöslichen, matten Klar-Lack dezent darüber oder tragen ein verdünntes, flüssiges Boden- oder Bienenwachs auf.

Beizen

Über das Beizen im Bereich des Krippenbaus gibt es dutzende Fachpublikationen. Wir benötigen eine wasser- und spirituslösliche Holzbeize, auch bekannt als „Packerl"-Beize, die man in den verschiedensten Farb- und Brauntönen bekommt. Diese kann man untereinander vermischen, wozu die Beizen für uns Krippenbauer in bedarfsgerechten kleinen Mengen erhältlich sind. Mit der wasser- und spirituslöslichen Holzbeize kann man Kalt- und Heißkleberflecken problemlos überstreichen und außerdem trocknet sie sehr schnell.

Besonders wichtig für den Bau von heimatlichen Krippen: Es lassen sich durch Verdünnen mit Wasser oder durch mehrmaliges Überstreichen die gewünschten Alterungsstufen erzielen.

Mit Spiritusbeizen erreicht man hervorragende Nuancierungen auf Hart- und Weichhölzern und die Holzalterung gelingt auf einfachste Weise.

Ist die Beize gut durchgetrocknet, kann das Holz mit einem gräulichen Farbton patiniert werden. Dafür tauchen wir die Spitze eines Borstenpinsels in weiße Dispersionsfarbe, streichen sie auf einem Stück Karton oder Weichfaserplatte gut ab, bis der Pinsel fast keine Farbspuren mehr hinterlässt, und fahren in Querrichtung leicht über das Holz. So erhalten wir ein gräuliches, abgewittertes Holz. Auf die gleiche Art und Weise kann man auch Kleinteile und Arbeitsgeräte naturalistisch patinieren.

◆ Werkraum und Werkzeuge

Wie bei jeder handwerklichen Tätigkeit sind das Um und Auf für ein gutes Ergebnis das richtige Werkzeug und ein geeigneter Arbeitsplatz – so auch beim Krippenbau.

Hier erhalten Sie wertvolle Tipps für den Kauf und die Verwendung der passenden Arbeitsgeräte und zugleich einen Überblick der Werkzeuge, die Sie für den Bau Ihrer Krippe benötigen.

Der ideale Arbeitsplatz

Zum Krippenbauen brauchen wir weder einen großen Raum noch ein eigenes Gebäude. Als Werkstatt können ein Kellerraum, ein Hobbyraum, eine überdachte Terrasse oder auch ein Tisch in der Küche dienen. Wichtig ist eine gute Beleuchtung, am besten Tageslicht, auch Neonröhren erzeugen eine angenehme Helligkeit. Ein Stromanschluss für die Klebepistole und kleinere Maschinen sowie ein Wasseranschluss zum Reinigen der Werkzeuge und Pinsel sollten vorhanden sein. Beim Bau einer Krippe ist außerdem ein warmer Raum von Vorteil, weil bei hohen Temperaturen die Trocknungszeiten kürzer sind.

Zum Bauen brauchen wir einen Arbeitstisch. Es muss nicht unbedingt eine Hobelbank sein, aber im Wohnbereich sollte unbedingt eine alte Tischdecke oder Karton als Unterlage benutzt werden, denn auslaufende Beize, Farbspritzer oder Mörtelreste können den Tisch verschmutzen. Außerdem rate ich Ihnen, sich eine

Die Werkzeug-Grundausstattung zum Krippenbauen: Pinsel, Stemmeisen, Hammer, Schnitz- und Kerbschnitzmesser, Stuckaturspachtel, Zange, Hand- oder Bogensäge, Schraubenzieher, Leimtube, verschließbare Dose.

Kiste oder Schachtel zu besorgen, worin Ihr Handwerkzeug, Leim, Farben, Nägel und Kleinteile geschützt vor Kindern aufbewahrt werden können.

Werkzeuge kaufen Sie am besten im Werkzeugfachhandel und sollten von hoher Qualität sein. Sie können auch für andere Zwecke verwendet werden und halten bei sorgfältigem Umgang und ausreichender Pflege sehr lange.

Handwerkzeug

Der Krippenbauer benötigt eigentlich nur Werkzeuge, die in jedem Haushalt vorhanden sind beziehungsweise die alle Heimwerker besitzen. Grundsätzlich kann mit jedem Handwerkzeug gearbeitet werden, ich möchte aber auf spezielle Werkzeuge eingehen, deren Handhabung besonders praktisch ist und die ein sicheres Arbeiten gewährleisten.

Maschinen sind zum Krippenbauen nicht unbedingt erforderlich, erleichtern aber das Bearbeiten der Materialien. Wenn Sie einen Krippenbaukurs über einen

Die Werkzeug-Grundausstattung zum Krippenbauen.

Krippenverein (siehe Liste der Krippenvereine ab S. 245) oder bei einer Krippenbauschule besuchen, steht Ihnen meist ein größerer Maschinenpark zur Verfügung.

Als Ersatz für eine Stich-, Kreis- oder Bandsäge kann eine Hand- oder Spannsäge, ein Fuchsschwanz oder eine Laubsäge verwendet werden. Man ist zwar nicht so schnell, aber das Endergebnis ist dasselbe. Die richtige Wahl der Säge hängt von der jeweiligen Arbeit ab. Außerdem ist es wichtig, das zu schneidende Stück immer mit Klemmzwingen einzuspannen, um sich ausschließlich auf das Sägen konzentrieren zu können.

Beim Kauf von Stemmeisen und Schnitzmesser sollte man besonders auf gute Qualität achten, denn bei billigen Eisen wird häufig nur minderwertiger Stahl verwendet und die Schneide stumpft schnell ab. Müssen Stemmeisen und Schnitzmesser geschlagen werden, sollte ein Holzknüppel anstelle eines Hammers verwendet werden, er schont das Eisen und verlängert dessen Lebenszeit erheblich.

Ein selbst angefertigter Zirkel für größere Radien, kann auch als Giebelmaß verwendet werden.

Ein sicheres und präzises Arbeiten ist nur mit einwandfrei geschärftem Werkzeug möglich!

Dieses Angebot an Werkzeugen ist für einen Krippenbauer ideal, aber man findet ein solches nur selten oder bei Kursen der Krippenvereine.

Es sind nicht nur große Werkzeuge, die für den Krippenbau benötigt werden, auch Hammer, Beißzange, Schraubenzieher, Wäscheklammern, Raspel, Feilen und Schleifpapier sowie einige kleine Klemmzwingen finden Verwendung.

Schreibzeug zum Skizzieren und Aufzeichnen

- Bleistift oder Filzstift
- Spitzer
- Radiergummi
- Zirkel
- Meterstab oder Rollmeter

Handwerkzeug zum Schnitzen und für feine Arbeiten

- Hammer (sollte nicht zu groß sein)
- Kerbschnitzmesser (kein Stanley-Messer wegen zu großer Verletzungsgefahr)
- Stuckaturspachtel (doppelseitig 1-2 cm breit)
- Spachtel (4-5 cm breit)
- Heizkörperpinsel (2 cm breit zum Grundieren)
- 2-3 Pinsel (feinborstig zum Fassen 0,5-2 cm)

Mit einer Rohrschere lassen sich kleine Holzstücke leicht schneiden und man braucht nicht unbedingt eine Säge.

- Stemmeisen (1 cm breit)
- Bohrer (2-10 mm)
- Schraubenzieher
- Beißzange
- Fuchsschwanz
- Raspel
- Laubsäge oder kleine Handsäge
- Heißklebepistole
- Leimflasche
- 2-3 leere, verschließbare Dosen oder kleine Eimer
- 2-3 verschließbare Wassergläser
- Krippenmessstab

Ein Maschinenraum ist meist nur bei Krippenbaukursen und Krippenvereinen vorhanden.

Elektrische Kleinmaschinen

Elektrische Kleinmaschinen erleichtern unsere Arbeit beim Krippenbau. Ihr Angebot ist schier unüberschaubar, doch in der Regel benötigen wir nur einige wenige:

- eine **Stichsäge** zum Ausschneiden von geraden und geschwungenen Teilen, Zuschneiden und Ablängen von Brettern, Wand- und Grundplatten;
- eine **Bandsäge**, um alle Wandteile, ob rund oder eckig, sämtliche Holzleisten für den Dachstuhl und den Zaun zu- und abzuschneiden;
- **Bohrmaschine** oder **Akku-Schrauber** zum Bohren von Löchern und zum Anschrauben der Korkrinde und der Buchenstöcke auf der Grundplatte;
- eine **Kreissäge** zum Zuschneiden der Grundplatte und der härteren Holzteile (Holzplatten können aber auch in

Eine Hobelbank mit einer kleinen Tischbandsäge oder eine Bandsäge mit Schleifscheibe erleichtern das Arbeiten.

Eine Dekupiersäge eignet sich nicht nur zum Krippenbauen, sondern kann auch beim Ausschneiden von auf Sperrholzplatten aufkaschierten Papierfiguren verwendet werden.

Holzbaumärkten schon fertig zugeschnitten gekauft werden);
- eine **Dekupiersäge**, die nicht nur beim Bau von Gelände- und Stadtteilen gebraucht wird, sondern auch sehr hilfreich ist, wenn jemand Papierfiguren selbst ausschneiden möchte.

Um Unfälle und Verletzungen zu vermeiden, **müssen** bei der Arbeit mit Maschinen die vorgesehenen Schutzvorrichtungen auf alle Fälle verwendet, in einwandfreiem Zustand gehalten und die Schutzbestimmungen beachtet werden. Außerdem sollte unbedingt eng anliegende Arbeitskleidung getragen werden. Beim Schneiden mit den verschiedenen Sägen darf man keinesfalls zur Schnittfläche greifen. Werkstücke werden immer befestigt, damit beide Hände zum Arbeiten mit der Maschine frei sind.

Werkzeug für die Krippenbeleuchtung

- Kleiner Lötkolben mit etwas Lötzinn
- Verschiedene Bohrer (4-10 mm)
- Bohrmaschine
- Schraubenzieher
- Zangen

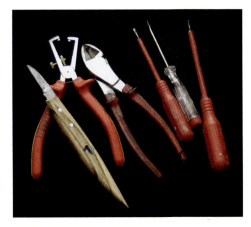

Ein kleiner Auszug der wichtigsten Handwerkzeuge für den Elektrobereich.

◆ Materialien

Wenn man eine fertige Krippe betrachtet, erscheinen Felsen, Wiesen und Mauern verblüffend echt. Wie es gelingt, diese realistische Wirkung zu erzielen, und welche Materialien sich wirklich dahinter verbergen, erfahren Sie im folgenden Kapitel.

Unter anderem lernen Sie, womit Wasser nachgeahmt oder direkt in die Krippe mit eingebunden wird.

Materialübersicht

Für alle Arten von Krippen

Kaltleim	Express
Kreidemehl	Schlemm-Kreide, im Farbenhandel erhältlich
Nägel	0,5-1,5 mm, in jedem Holzfachhandel und Baumarkt erhältlich
Schrauben	in jedem Holzfachhandel und Baumarkt erhältlich
Schleifmehl	Abfall von Schleifarbeiten, bekommt man in einer Tischlerei
Sägemehl oder Sägespäne	in einer Tischlerei oder einem Sägewerk erhältlich
Weichfaserplatten	die meisten Fachmärkte führen Weichfaserplatten in 10 mm und 20 mm Stärke, je nach Größe der Krippe ca. 1-2 m²

Material für den Unterbau

Holzplatte	20 mm für den Boden, am besten eine Dreischichtplatte aus Fichte
Sperrholzplatte	5-10 mm für die Zwischenböden
Kanthölzer	für den Unterbau der Zwischenböden, 20 x 40 mm

Material für eine heimatliche Krippe

Für 10 cm Figuren (bei 12 cm Figuren gibt man jeweils 2 mm dazu)

Leisten	12 x 12 mm für Pfetten und stabiles Unterholz
	10 x 10 mm für Rofen, kleinere Dachkonstruktionen, Stadel und Backofen
	8 x 8 mm für Ziergiebel, Balkonholz, Rofen, Backofen und Stadel
	3 x 3 mm für die Auf-Lattung von Schindelholz
	2 x 10-15 mm Bretter für das Verkleiden von Tennen, Holzböden und Firstladen

Lärchenrinde	für das Gelände; findet man im Wald nach Holzfäller-arbeiten; solange die Lärchenbäume noch am Boden liegen, löst man die Rinde vom Stamm (natürlich nach Absprache mit dem Holzbesitzer) oder man versucht in einem Sägewerk die Holzanschnitte zu bekommen.

Materialien für orientalische Krippen, Fastenkrippen und Tempel

Für 10 cm Figuren (bei 12 cm Figuren gibt man jeweils 2 mm dazu)

Weichfaserplatten	10 mm dicke Platten für das Mauerwerk von Gebäuden und Häusern, 20 mm dicke Platten für Stadtmauern und -tore, abhängig von der Größe der Krippe je 1-2 m²
Abfallstücke von Zierleisten	zum Verzieren von Dacheinfassungen, Fenster- und Türportalen
Lärchenrinde	für Steine und Ziegel, ca. 6-8 mm breite Streifen, in 20- 25 mm lange Stücke schneiden und mit einem Messer alle 4 Kanten brechen. Korkrinde oder Hartstyropor können stattdessen genauso verwendet werden.

1 Die größten Stücke der Lärchenrinde müssen noch bearbeitet werden. Man verwendet sie hauptsächlich für heimatliches Krippengelände.

2 Am leichtesten lässt sich die Lärchenrinde mit einer Bandsäge zerkleinern.

3 Mit einer Handsäge oder einer Fuchsschwanz-säge kann die Lärchenrinde genauso zuge-schnitten werden.

Geübte Krippenbauer, die sich mit der Kerbschnitzerei oder überhaupt mit dem Schnitzen beschäftigt haben, können anstelle dieser Materialien auch Leisten und Bretter aus Zirbenholz verwenden und mit dem Schnitzmesser bearbeiten.

Für Fenstergitter werden die unterschiedlichsten Materialien wie Drahtgitter in verschiedenen Mustern oder Abfälle von Kunststoffgittern, die man zum Vernetzen beim Hausputz benötigt, verwendet.

Für das Gelände benötigt man Korkrinde oder Buchenstöcke: Diese müssen sehr mühsam ausgegraben und gespalten werden, am idealsten sind Stöcke, deren Bäume schon vor 10-15 Jahren gefällt wurden. Da nicht jeder die Möglichkeit hat, in seiner näheren Umgebung alte Buchenstöcke zu finden und vielleicht auch das Werkzeug nicht vorhanden ist, um diesen Stock zu bearbeiten (Axt, Schlegel und Keile), kann auch das einfachere Material, die Korkrinde, gewählt werden. Korkrinde ist in der Anschaffung zwar teurer, in der Verarbeitung aber einfacher und im Gewicht leichter. Sie bekommt man im Blumenfachhandel oder in Lagerhäusern und kann mit jedem Messer geschnitten, mit der Zange gebrochen und mit dem Hammer zerkleinert und geteilt werden.

Einen alten Kasten zur Aufbewahrung der verschiedenen Krippenmaterialien im Keller hat leider nicht jeder zur Verfügung.

Fertiges Gelände mit Buchenstöcken.

Linker Geländeaufbau mit Buchenstöcken, rechter Geländeaufbau mit Lärchenrinde und Bachlauf in der Mitte.

Korkrinde, wie sie im Fachhandel erhältlich ist: Die Stücke sind ca. 1 m lang und wiegen zwischen 2 und 3 kg. Sie kann auch naturbelassen bleiben und wirkt als Berg oder Felsen sehr realistisch.

Die Korkrinde lässt sich mit einer Hacke und einer Säge leicht bearbeiten und wird für orientalische Krippenlandschaften verwendet.

Mit einer Bogensäge lassen sich kleine Teile für Ziegel herausschneiden und auch das winzigste Stück Abfall kann eingebaut und verwendet werden.

◆ Wichtige unverzichtbare Materialien für den Krippenbauer

1 Verschiedene Metall- und Plastikgitter für orientalische Fenster.
2 Rundstäbe und Wellpappe zur Herstellung von Säulen.
3 Verschieden große Styroporkugeln für Kuppeln bei orientalischen Stadtteilen.
4 Mit einer Holzraspel wird aus Abfall und Resten der Weichfaserplatten Stopfmaterial hergestellt.
5 In einer Plastikkiste aufbewahrte, abgewitterte Äste und Wurzeln.
6 In Kartonschachteln werden Moos, Grasbüschel und Hirschhoadrich im kühlen Raum gelagert.

Mörtel

Mörtel kann auf mehrere Arten und mit verschiedenen Materialien hergestellt werden: mit Perlleim oder Kaltleim, mit Gipsmasse bei Verwendung von Rigips- oder Ytongplatten; wobei zum Kleben auch normaler Baukleber verwendet wird.

Herstellung mit Kaltleim

Dies ist die gebräuchlichste Herstellung eines Mörtels und wird zumindest bei Baukursen – da diese Art der Herstellung einer Mörtelmasse die einfachste und schnellste ist – verwendet.

1 Liter Kaltleim wird mit 5 Litern Wasser zu einem Leimwasser verdünnt und gut umgerührt.

In einer Blechdose oder einem Plastikeimer, wenn vorhanden mit Deckel um das Austrocknen zu verhindern, wird zu gleichen Teilen Schlemmkreide (Kreidemehl) mit Schleifmehl – für orientalische Krippen – oder gröberem Sägemehl (Sägespäne) – für heimatliche Krippen – gut vermischt. In dieses noch trockene Gemisch wird vorsichtig Leimwasser hineingeschüttet und verrührt, bis eine streichfähige Masse entsteht. Vorsicht, die Masse sollte nicht zu dünn sein und sich mit einer Stuckaturspachtel oder auch mit den Fingern gut verstreichen lassen. Die Trocknungszeit beträgt je nach Temperatur ca. 6-8 Stunden.

Die vier wichtigsten Teile des Mörtels: Leimwasser, Kreidemehl, Schleifmehl und Sägespäne.

Damit werden Häuserteile, Boden, Brunnen, Stall und nicht aus Stein gemauerte Gebäude verputzt.

Herstellung mit Perlleim

1/4 Liter Perlleim und ein 1/2 Liter Wasser aufkochen, gut umrühren und in einer Blechdose oder einem kleinen Plastikeimer, der ca. 2-3 kg Inhalt fasst, mit 1 kg Schlemmkreide (Kreidemehl) gut vermischen. Je nach Krippenart kommt noch 1 kg Schleifmehl bei orientalischen oder 1 kg feines Sägemehl bei heimatlichen Krippen dazu. Alles gut vermischen, aber nicht zu dünnflüssig anrühren.

Wichtig:

- Für Häuser einer orientalischen Krippe nie groben Sägespäne-Mörtel verwenden, da im Orient die Häuser nur mit Quarzsand verputzt werden und es dort keinen Raupputz gibt.

- Die Gebäude nach dem Verputzen nicht mit einem Schwamm oder Pinsel durch Auftragen von Leimwasser zu glatt verstreichen, da die Bauwerke dadurch unnatürlich wirken.

- Unbedingt das Werkzeug nach dem Verputzen mit Wasser reinigen, da sich getrockneter Mörtel nur hartnäckig entfernen lässt.

- Übrig gebliebenen Putz in einer verschließbaren Dose oder einem Eimer aufbewahren, dann ist er 1-2 Wochen haltbar. Alter Mörtel bekommt einen üblen, unangenehmen Geruch und es kann sich Schimmel bilden.

Verstreichmasse

Die Herstellung funktioniert gleich wie bei der Mörtelmasse, aber es wird noch Schleifmehl beigemischt und mit Leimwasser verdünnt, bis eine mit dem Pinsel verstreichbare Masse entsteht. Es kann auch die übrig gebliebene Mörtelmasse durch Beimischen von Schleifmehl und Leimwasser verdünnt werden.

Damit werden ebene Flächen, Stiegen, Wege und alles, was mit Weichfaserraspeln aufgefüllt wurde, mit dem Stuckaturspachtel und den Fingern bestrichen. Danach kann mit einem leicht feuchten, nicht nassen Borstenpinsel behutsam nachgearbeitet werden. Vorsicht, nicht die Struktur der Rinde oder des Korks – das sogenannte Gelände – bestreichen, sondern nur Löcher und größere Lücken füllen.

Masse zur Herstellung von Steinchen

Steinchen können mit dem gleichen Material wie Mörtel- und Verstreichmasse hergestellt werden. Wie auch beim Putzmörtel besteht die Teigmasse aus Grundkreide, Leim, Sägemehl oder Holzstaub und Wasser, jedoch muss die Mischung dicker, mit mehr Kreide und Holzstaub angesetzt werden. Aus dieser brotteigähnlichen Masse formt man kleine Steine in unterschiedlichen Größen und lässt sie ein wenig antrocknen. Nach dem Trocknen können sie zu einer Mauer zusammengesetzt oder zum Beschweren von Querlatten bei Schindeldächern verwendet werden. Für Letzteres müssen die Steinchen zuvor noch bemalt werden.

Krippenstreu

Grünstreu für das Hirtenfeld, bewachsene Hänge und Täler

Es gibt viele verschiedene Möglichkeiten zur Herstellung von Krippenstreu. Eine traditionelle Art, die in älteren Krippen zu finden ist, wird auch Pudel genannt. Diese Streu wird aus getrockneten Sägespänen hergestellt, die mit Beizen in verschiedene Grün-, zur Darstellung von frischem Gras, und Brauntöne, für ausgetrocknete Grasflächen, gefärbt werden. Nach dem Beizen lässt man die Späne gut durchtrocknen. Zum Aufbewahren am besten in Papier- oder Stoffsäcken lagern.

Ein weiteres, wohlriechenderes Krippenstreumaterial wird aus Fichtennadeln hergestellt. Dazu sammeln wir Fichten- und Tannenzweige oder schneiden vom letztjährigen Christbaum die Äste ab und geben sie in einen Papiersack oder eine Schachtel. Das erleichtert später das Einsammeln der abgefallenen Nadeln. Zum Trocknen wird das Ganze an einem schattigen und dunklen Platz gelagert. Je nach Bedarf werden die abgefallenen Nadeln gehackt oder gemahlen und mit einer alten Kaffeemühle zu einer schönen olivfarbigen Streu verarbeitet, die darüber hinaus noch einen herrlichen Tannenduft in unseren Stuben erzeugt.

In den meisten Krippen wird heute Krippenstreu aus getrocknetem Moos verwendet. Dafür sucht man in den Sommermonaten langgewachsenes Moos im Wald, schneidet es mit einer Schere ab, reinigt es vom Erdreich und lässt es wie die Fichtennadeln in einem Papiersack oder Kübel gut trocknen. Die weiteren Arbeitsschritte sind dieselben wie bei der Streuherstellung mit den Fichtennadeln.

Um verschiedene Farbtöne bei der Krippenstreu aus Nadeln und Moos zu erreichen, empfehle ich altes Streumaterial einige Jahre aufzubewahren. Je älter die Streu ist, desto stärker vergilbt sie und verliert den satten grünen Farbton. Dadurch lässt sich, besonders wichtig für orientalische Krippen, eine natürliche Farbe erreichen, die für karg bewachsene Krippenlandschaften ideal ist.

Mit dem Wiegemesser werden Lärchennadeln für das Stallinnere und Moos für den Pudel geschnitten.

Sandstreu für Wege, sandige Böden in Städten und ausgetrocknete Bachbetten

Um für den Krippenbetrachter eine natürlich wirkende Oberfläche zu erzeugen, wird die heimatliche Krippe mit Sand, Pudel und kleinen Kieselsteinen bestreut. Eine orientalische Krippe kann durch Sand in eine wüstenartige, karg bewachsene Landschaft verwandelt werden. Wege und Straßen bringen Dynamik in die Krippenlandschaft und sorgen dafür, dass die Figuren in Bewegung zu sein scheinen.

Sand wirkt am natürlichsten, wenn er aus einer Mischung von verschiedenen Körnungen und Farbtönen besteht. Bei Gelegenheit sollte von jedem Urlaub oder jeder Wanderung Sand mitgenommen werden. Vor allem die Sandstrände im Mittelmeerraum bieten eine große Vielfalt an verschiedenen Farbtönen von hell bis dunkel, fast schon schwarz, und Körnungen, von fein bis grob. Vielleicht können auch Nachbarn, Freunde oder Bekannte ein wenig Sand als Souvenir mitbringen.

Sand von europäischen Stränden.

Wenn Sandstreu auf einer Figur zum Liegen kommt, muss sie sorgfältig mit einem kleinen Pinsel entfernt werden.

Mit dem Pudel sollten die Sockel zugedeckt sein, damit man glaubt, die Schafe stehen oder liegen in einer Wiese.

Wenn das Streumaterial nicht auf der Krippe angeklebt wird, kann der Krippenbesitzer sofort erkennen, ob eine Figur gewollt oder ungewollt verstellt worden ist.

Streumaterial wie gemahlenes Moos oder Sand kann nach dem Wegräumen der Figuren abgekehrt und fürs nächste Jahr getrennt voneinander zur nochmaligen Verwendung aufbewahrt werden.

Wasser

Um Bäche oder gefüllte Brunnen, Wassereimer und Tümpel wirklichkeitsgetreu nachzustellen, gibt es mehrere Möglichkeiten. Für Wasseroberflächen in kleinen Behältern und für das Rinnsal eines Brunnens kann flüssiger Klebstoff (meiner Erfahrung nach eignet sich Uhu am besten) verwendet werden.

Bei größeren Krippenteilen, wie Brunnen und Bächen, benützen wir glasklaren Gießharz, der im Hobby- oder Farbenfachhandel als Zweikomponentenmischung erhältlich ist. Die genau nach Gebrauchsanleitung dünnflüssig angemischte Masse wird in die vorbereiteten, fertiggestellten Teile eingefüllt. Die Botanik und Gestaltung des Baches oder Tümpels muss vor dem Eingießen vollständig abgeschlossen und die zu befüllenden Flächen sollten mit Mörtel- oder Verstreichmasse zu 100% abgedichtet sein, damit das Gießharz nicht auslaufen kann.

Eine weitere Möglichkeit, die aber am schwierigsten ist, besteht darin, das Bachbett mit richtigem Wasser zu füllen.

Auch in orientalischen Krippen kann ein fast ausgetrocknetes Bachbett und ein Tümpel den Krippenberg auflockern.

Mit Gießharz gefüllter Dorfbrunnen.

Der Holztrog muss dicht sein, damit das Gießharz nicht abrinnt.

Dazu benötigen wir ein Stück einer mit Steinen beschichteten Teichfolie, das mindestens die Länge des Bachverlaufes haben muss. Der Bachverlauf – eine mindestens 5 cm tiefe Rinne – wird mit Weichfaserplatten und Mörtelmasse auf der Krippe so angelegt, dass ein Abfließen des Wassers nicht möglich ist. Nach dem Durchtrocknen wird die Teichfolie mit Silikonkleber im Bachverlauf befestigt und die über das Bachbett stehende Folie (ca. 10-15 cm) am Gelände festgeklebt. Über diese Folie wird der normale Krippenberg, die Landschaft, gebaut. Vorsicht, Teile, die ins Wasser reichen, gut mit Gießharz oder Klarlack bestreichen, damit kein Wasser aufgesaugt wird. Der gleichmäßigen und sterilen Steinbeschichtung der Teichfolie sollte noch mit etwas Botanik und richtigen Steinen ein natürliches Aussehen verliehen werden.

Ein mit einem Elektromotor angetriebenes Mühlrad.

Mit glasklarem Gießharz hergestelltes Wasser, täuschend ähnlich einem Wassertümpel.

Der Abfluss des Wassers muss wie hier so verbaut sein, dass er nicht zu sehen ist.

◆ Krippenmeter, richtiges Größenverhältnis und Perspektive

Der Krippenmeter, das richtige Verhältnis und die Perspektive:
Das Geheimnis des realistischen Eindrucks einer Krippe ist das in sich stimmige Größenverhältnis. Mit Hilfe des Krippenmeters lässt sich Ihre Krippe problemlos als eine eigene Welt im Kleinen gestalten.

Bevor man mit dem Bau einer Krippe beginnt, sollte man sich mit dem Krippenmeter und der Perspektive auseinandersetzen. Eine einfache Maßskizze, der Krippenmeter, kann selbst angefertigt werden und hilft beispielsweise dabei, dass Fenster und Türen im richtigen Größenverhältnis zu daneben stehenden Figuren stehen.

Selbstverständlich sind das eigene Gefühl für Perspektive und ein gutes Augenmaß beim Krippenbau noch immer wichtige Grundlagen, aber mit Hilfe von Krippenmeter, Krippenumrechnungszahl und Krippenmaßstab kann sich jeder kontrollieren und die richtigen Proportionen bestimmen. Bei größeren Krippen sollten Gebäude im hinteren Krippenbereich perspektivisch verkleinert werden. In solchen Fällen muss auch die Größe der Figuren angepasst werden. Wenn keine entsprechend kleinen Krippenfiguren zur Verfügung stehen, stellt man in diesen Teil der Krippe besser überhaupt keine Figuren.

Achtung, jedem kritischen Krippenschauer fällt sofort auf, wenn das Größenverhältnis nicht stimmt, das Auge des Betrachters orientiert sich dabei an der Größe der dargestellten Personen.

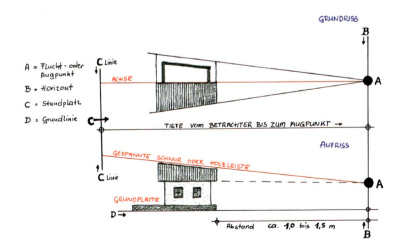

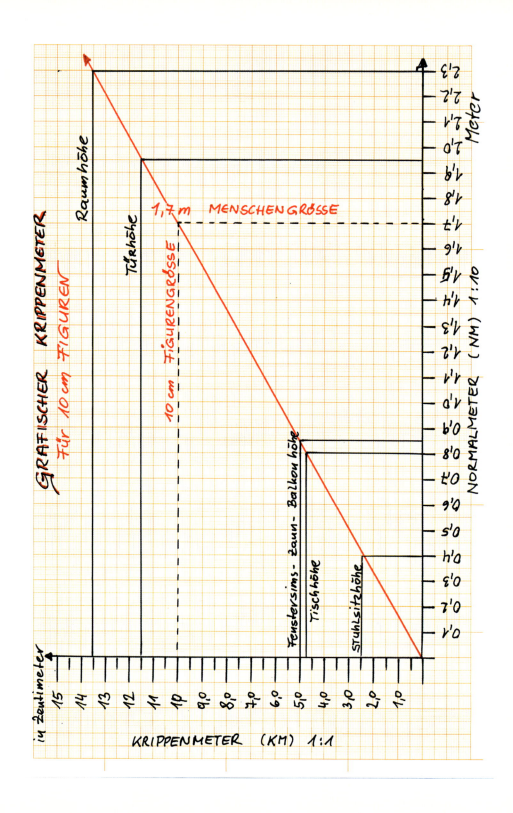

GRAFISCHER KRIPPENMETER
Für 12 cm Figuren

- 16 cm Raumhöhe
- Türhöhe
- 12 cm Figurengrösse
- 1,7 m MENSCHENGRÖSSE
- Fenstersims-Zaun-Balkonhöhe
- Tischhöhe
- Stuhlsitzhöhe

KRIPPENMETER (KM) 1:1 — in Zentimeter: 1,0 – 15

NORMALMETER (NM) 1:10 — Meter: 0,1 – 2,3

Krippenmeter

Der Krippenmeter ist von der Figurengröße abhängig und besteht aus drei Linien: einer Waagrechten, einer Senkrechten und einer Diagonalen. Mit Hilfe eines Lineals zeichnen wir auf ein Blatt Papier, im linken unteren Eck (dem Nullpunkt) beginnend, zunächst die Waagrechte, den Normalmeter (NM), im Maßstab 1:10, wobei 1 cm genau 0,1 m (10 cm) entspricht, und teilen diese in 1 cm große Abstände ein. Die senkrechte Linie, der Krippenmeter (KM), beginnt am gleichen Punkt wie die horizontale, wird in 5 mm große Abstände gegliedert und kann 1:1 abgelesen werden. Beim Krippenmeter ziehen wir auf 10 oder 12 cm Höhe (entsprechend der verwendeten Figurengröße) eine horizontale Markierungslinie ein und bei der waagrechten Normalmeterlinie ziehen wir bei 1,7 m (entsprechend der durchschnittlichen Körpergröße eines Menschen) senkrecht ebenfalls eine Markierungslinie hoch. Der Treffpunkt der beiden Markierungslinien wird durch eine Diagonale, der Leitlinie, mit dem Nullpunkt verbunden. Mit Hilfe dieser Leitlinie kann jedes Normalmaß auf das Krippenmaß übertragen werden.

Nehmen wir als Beispiel die Höhe einer Tür (1,95 m): Wenn wir das Lineal rechtwinklig auf der Normalmeterlinie beim 1,95 Meterpunkt anlegen und den Schnittpunkt mit der Leitlinie (einer 10 cm Figur) auf die senkrechte Krippenmeterlinie übertragen, ergibt sich ein Krippenmaß von 11,5 cm. Auf diese Art und Weise ist man imstande, die Abmessungen aller Gegenstände einheitlich in Größen umzurechnen, die dem Maßstab der Krippe entsprechen (siehe Abbildungen S. 94 und 95).

Krippenumrechnungszahl

Eine weitere Möglichkeit den richtigen Maßstab zu erreichen, ist die Umrechnung mit Hilfe des sogenannten **Größenfaktors.** Unter Größenfaktor versteht man eine Zahl, mit der man das Normalmaß multipliziert, um das Krippenmaß zu erhalten. Diese Umrechnungszahl ermöglicht es auf einfachste Weise, auch ohne Krippenmeter, das richtige Größenverhältnis zu erreichen.

Wir errechnen uns das Krippenmaß, indem wir laut Tabelle den Größenfaktor, entsprechend der verwendeten Figuren, mit dem Naturmaß (in cm) multiplizieren. Mit dieser Methode lassen sich Wegbreiten, Balkonhöhen, Stadttoröffnungen, Säulenschäfte, Brunnendurchmesser und vieles mehr ganz unkompliziert ermitteln.

Umrechnungstabelle der gängigsten Krippenfigurengrößen

Figurengröße:	Größenfaktor:
8 cm	0,05
10 cm	0,06
12 cm	0,07
14 cm	0,08
16 cm	0,09
18 cm	0,10
20 cm	0,11

Rechenbeispiel mit 10 cm großen Figuren

	Naturmaß x Größenfaktor	= Krippenmaß
Stufenhöhe	(0,2 m) 20 cm x 0,06	= 1,2 cm
Sitzhöhe	(0,4 m) 40 cm x 0,06	= 2,4 cm
Schindellänge	(0,5 m) 50 cm x 0,06	= 3,0 cm
Tischhöhe/Türbreite	(0,8 m) 80 cm x 0,06	= 4,8 cm
Fensterhöhe	(0,9 m) 90 cm x 0,06	= 5,6 cm
Durchschnittsgröße Mensch	(1,7 m) 170 cm x 0,06	= 10,00 cm
Türhöhe	(2,0 m) 200 cm x 0,06	= 12,00 cm
Raumhöhe	(2,3 m) 230 cm x 0,06	= 13,80 cm

Rechenbeispiel mit 14 cm großen Figuren

	Naturmaß x Größenfaktor	= Krippenmaß
Stufenhöhe	(0,2 m) 20 cm x 0,08	= 1,6 cm
Sitzhöhe	(0,4 m) 40 cm x 0,08	= 3,2 cm
Schindellänge	(0,5 m) 50 cm x 0,08	= 4,0 cm
Tischhöhe/Türbreite	(0,8 m) 80 cm x 0,08	= 6,4 cm
Fensterhöhe	(0,9 m) 90 cm x 0,08	= 7,2 cm
Durchschnittsgröße Mensch	(1,7 m) 170 cm x 0,08	= 14,00 cm
Türhöhe	(2,0 m) 200 cm x 0,08	= 16,00 cm
Raumhöhe	(2,3 m) 230 cm x 0,08	= 18,40 cm

Krippenmessstab

Um die aus der einen oder anderen Methode gewonnenen Krippenmaße auf einfachste Art umzusetzen, verwenden wir den Krippenmessstab. Wir benötigen dafür lediglich einen alten Meterstab. Darauf werden die wichtigsten Maße wie Türen, Fenster, Raumhöhe usw. durch die Krippenumrechnungszahl oder den Krippenmeter errechnet angezeichnet. So müssen wir uns während des Bauens nicht mehr mit der Umrechnung der Maße beschäftigen. Bei großen Kippen können für die perspektivische Verkürzung im hinteren Bereich verschiedene Krippenmessstäbe hergestellt werden.

Krippenmessstab

Perspektive

Bereits in früheren Zeiten bedienten sich Krippenbergbauer und Hintergrundmaler der Perspektive als bewusstes Gestaltungselement und spielten mit ihrer Wirkung. Ob und in welcher Form perspektivische Verkürzungen in den Bau der Krippe miteinfließen, hängt stark von der Krippenart und dem Aufstellungsort ab. Die dritte Dimension wirkt sich in einer Landschaftskrippe auf die Anordnung einzelner, verschieden großer und verschieden wichtiger Figuren aus. Bei Dreieckskrippen und Rundkrippen ergibt sich die Perspektive aus dem vorgegebenen Raum. Alle Mittel zur Erzielung perspektivischer Effekte müssen sensibel und unauffällig angewendet werden. Der in die Tiefe führende Blick auf den Stufenaufbau einer Landschaft, den Verlauf von Flussläufen, Dachfirste, Stadtmauern und Berge soll nicht erzwungen, sondern zum Verweilen verlockt werden. Die größte Herausforderung für einen Krippenbauer ist wohl das Tempelgebäude, bei dem mit der Säulenhalle, Fensterreihen, Fußböden und Gegenständen im offenen Raum spielerisch gearbeitet werden kann. Die richtige Anwendung der Perspektive bewirkt eine Verdichtung der zeitlichen Abläufe und ein Zusammenrücken der Ereignisse ebenso wie das Schaffen von Entfernungen und Platz für mehr Szenen.

Verzerrende Perspektive bei einer Tempelkrippe.

Die 3 Grundebenen der Krippenperspektive sind: der Vordergrund, mit der Heiligen Familie im Stall oder in der Höhle, meistens flach und eng gestaltet; der Mittelgrund, der sich über der Grotte befindet und das Hirtenfeld, die Stadt sowie den Königszug auf ansteigendem Gelände mit einschließt; und zuletzt der Hintergrund, in den Wege, Treppen und Erhebungen vom Mittelgrund aus hinüberführen, der meist gemalt ist und den Blick bis zum Horizont weiterführt.

Die verzerrende Perspektive wird zwangsläufig bei Kastenkrippen und Papierkrippen angewendet. Übertriebene Größenverhältnisse, eine Überbetonung der Fluchtlinie und übertrieben schief wirkende Gebäudeteile vergrößern das Gesamtbild der Krippen.

Die Zeitperspektive wurde schon früher von vielen Krippenkünstlern verwendet. Dabei werden gleichzeitig mehrere Ereignisse der Weihnachts- oder der Leidensgeschichte dargestellt. Sie wird auch bei neueren Krippen immer häufiger angewandt.

Die figurale Perspektive ist eine der wichtigsten Arten von Perspektiven, um Tiefenwirkung zu erzielen. Dafür werden im Vordergrund größere Figuren und je weiter man in den hinteren Teil

Figurale Perspektive, die Heilige Familie macht Rast auf der Flucht: Die Krippentiefe beträgt ca. 40 cm, die Figurengrößen der Familie 14 cm, der Engel 9 cm und der Schafe 2 cm.

der Krippe kommt immer kleinere Figuren aufgestellt. Ob man die figurale Perspektive verwenden will, sollte man schon vor dem Kauf der Figuren entscheiden. Eine ideale Anordnung wäre zum Beispiele, wenn man für den Vordergrund eine Größe von 12-13 cm, für den Mittelgrund 10-11 cm und für den Hintergrund Figuren mit 8-6 cm Höhe wählt.

Die Guckkastenperspektive, auch Hell-Dunkel-Perspektive genannt, zwingt den Betrachter durch einen vorgegebenen Rahmen vom dunklen Äußeren in das helle Innere zu blicken oder umgekehrt. Durch einen Lichtschranken – ein geöffnetes Tor, ein Felsdurchbruch, eine enge Gasse in der Stadt – wird ein bühnenartiger Effekt erreicht. Kulissenartiges Bauen bringt besonders in eine Kastenkrippe Leben.

Perspektivisch gut gelöster Übergang von der 2. Ebene, dem Hirtenfeld, in die 3. Ebene, den Hintergrund.

Figurale Perspektive einer heimatlichen Krippe, aufgebaut auf drei Ebenen: Vordergrund, Mittelgrund und Hintergrund.

◆ Krippenteile

Sie werden überrascht sein, aus wie vielen Einzelteilen eine Krippe bestehen kann! Dabei können Sie aus zahllosen verschiedenen Varianten, ein- und dasselbe Krippenteil zu gestalten, wählen, damit Ihre persönliche Krippe einmalig und unverwechselbar wird.

Folgen Sie den Anleitungen Schritt für Schritt und Ihre Krippe wird zu einer einzigartigen lebendigen Landschaft.

Balkon

Der Balkon ist meist ein offener Vorbau an einem Haus oder Gebäude, kann aber auch über mehrere Seiten eines Bauernhauses verlaufen oder überdacht sein. Daneben gibt es noch den Laubengang. Er besteht aus balkonartig überdachten Holzgängen, die unter Umständen Gebäude miteinander verbinden. Die Vorderseite eines Balkons ist fast immer verziert und mit Säulen zum Dach oder zum oberen Balkon hin abgestützt.

Ein Balkon besteht aus Stehern, Querhölzern und Balkonbrettern, die fantasievoll ausgeschnitten und vertikal angebracht werden können.

Herstellung

Der Bau eines Balkons ist verhältnismäßig einfach. Wenn man nicht ohnehin die Auflagehölzer für einen Balkon im Zuge des Dachstuhls mitgebaut hat, bohrt man Löcher in die Hauswand und leimt Kanthölzchen hinein. Danach befestigt man Brettchen als Boden und an den Vorderseiten der Auflagehölzer montiert man die Steher. Die Stärke der Brettchen und Steher errechnet man sich aus dem Krippenmeter; sie sollten eher schlank sein, damit der Balkon nicht zu wuchtig wirkt.

Fertiggestellter offener Balkonvorbau über mehrere Seiten eines Gebäudes gebaut.

Einfacher Balkon mit Querbalken und vorne als Brüstung aufgeleimten Balkonbrettchen, hergestellt aus alten Dachschindeln.

Nun kommt die Vorderseite, auch Brüstung genannt, an die Reihe. Für den unteren Querbalken und den Handlauf schneidet man mit einer Kreissäge, in einer Schnitttiefe von 2 mm, eine Nut in eine 5 mm Leiste. In diese Nut werden die Balkonbrettchen geleimt. Anstelle der genuteten Querbalken können auch normale, 3 mm dicke Holzleisten verwendet und die Balkonbrettchen von vorne aufgeleimt werden.

Original nachgebauter verzierter Balkon, vom Dach überdeckt, mit Säulen verbundener Ziergiebel.

Balkon mit einem von außen verbundenen Stiegenaufgang.

Einfache Balkone und Bretterformen in Skizzen.

◆ Einfache Herstellung von Balkonbrettchen

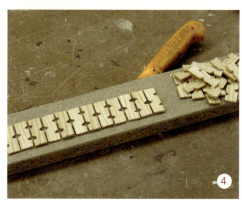

1 u. 2 Bearbeitung des Kanthölzchens mit einer kleinen Handsäge, für Balkonbrettchen werden ein Muster und eine Verzierung hineingeschnitten.

3 u. 4 Das Spalten von Balkonbrettchen erfolgt am besten mit einem Messer, eine einfache Einkerbung in ein Kanthölzchen ergibt ein schönes Muster für die Balkonbrüstung.

5 u. 6 Balkon im Rohzustand.

Zum Herstellen der Balkonbrettchen benötigen wir einen Holzblock, den wir von einem astfreien Brett herunterschneiden und nach dem Schnitzen eines gewünschten Musters abspalten. Wie fantasievoll die Verzierung sein soll, ist jedem selbst überlassen.

Für einen Stangenbalkon verwenden wir 3-4 mm breite Leisten als Querlatten, die auf die Steher vorne und als Handlauf oben angeleimt werden. Ob ein verschnörkelter, prunkvoller, oder nur ein schlichter und einfacher Stangenbalkon gebaut wird, kann jeder für sich entscheiden.

Zur Herstellung orientalischer Balkone verwendet man Zierleisten, die zu kleinen Brettern zugeschnitten werden, auch Rundstäbe sowie Wäscheklammern aus Holz eignen sich dazu. Die Handläufe und Sockel sind gemauert und aus verputzten Weichfaserplatten. Die Fassung der Balkone wird in den Farben des Mauerwerks gehalten, da es in orientalischen Ländern keine Holzbalkone gibt.

Orientalischer, im Gebäude eingebauter Laubenbalkon. Die Brüstung ist aus Mauerwerk und Zierleisten hergestellt.

Mit Dachziegeln aus Nudeln überdachter und aus Rundstäben hergestellter Balkon für eine orientalische Krippe.

Aus Wäscheklammern hergestellter orientalischer Balkon.

Brücke

Brücken sind Verbindungen und führen über reißende Flüsse, Bäche, tiefe Gräben, Schluchten und Abgründe, die man auf ihnen leicht und gefahrlos überqueren kann. Symbolisch gesehen steht die Brücke für den Übertritt in die Zukunft, in eine neue Zeit, daher wird die biblische Szene der Flucht nach Ägypten meist auf einer Brücke dargestellt.

Im alten Orient fand man nur wenige Brücken, denn auch heute noch sind in diesem Gebiet der Erde die Bach- oder Flussbetten häufig ausgetrocknet und führen nur zur Regenzeit Wasser. Erst seit es moderne Autostraßen gibt, finden sich auch dort vereinzelt Brücken. Trotzdem sollte in jeder orientalischen Krippe eine Brücke den Krippenberg zieren. Sie lockert das Gelände und das Hirtenfeld auf und vermittelt eine gewisse Natürlichkeit. Da im Heiligen Land Holz eine Mangelware ist, aber Steine im Überfluss vorhanden sind, sollte es eine Steinbrücke sein, die sich bogenförmig über eine kleine Schlucht oder einem ausgetrockneten Bach- oder Flussbett wölbt.

Heimatliche Brücken verbinden vorwiegend die Ufer von Bächen und Gewässern oder sie überspannen unüberwindbare Täler. Diese sind für uns einfacher zu bauen, befinden sich doch in unserer Umgebung noch viele alte, zerfallene Brücken, Stege oder Übergänge, die nachgebaut und als Vorlage verwendet werden können.

1   Brücke hergestellt aus dürren Ästchen einer Fichte, das Gelände ist grundiert. Im Bachverlauf sieht man die beschichtete, eingebaute Teichfolie.

2 u. 3   Kleines Almdorf mit zwei Brücken, vorne einfacher Bachübergang mit Lattenzaun, hinten eine überdachte Brücke mit eingearbeiteter Brüstung zwischen der Holzkonstruktion. Die Krippe ist oben im grundierten und unten im fertigen Zustand.

Herstellung

Steinbrücken werden meist aus Steinen oder Ziegeln gemauert und können als Bogenbrücke gestaltet werden.

Heimatliche Brücken baut man aus Holz und können überdacht werden. Für kleine Bäche lassen sich auch Holzstege verwenden, die mit Mauerwerk am Ufer abgesichert werden. Darüber legt man Holzbalken als Überleger, die man mit kleinen Brettern abdeckt. Zur Sicherung werden als Geländer Seile oder Holzlatten eingesetzt.

1 Perfekter Übergang vom Krippenberg in den Hintergrund: Die aus Lärchenrinde geschnittene Bogenbrücke mit einer geschnitzten Schafherde, der Weg und die Gebäude vorne gehen nahtlos in den Hintergrund mit der gemalten Schafherde über.

2 Eine kleine Brücke aus einfachen, aus alten Holzschindeln gespaltenen Brettchen führt vor einer Mühle über einen Bach.

3 Brücke in verschneiter Winterlandschaft, der Weg und der zugefrorene Bach sind durch einen einfachen Lattenzaun abgesichert.

4 Mit einem Schindeldach überdeckte Brückenkonstruktion führt über eine Schlucht.

1   Zusammengefallene orientalische Brücke führt über einen Tümpel, aus Lärchenrinde hergestellt.
2   Die Steine dieser Brücke sind aus Zirbenholz geschnitzt, grundiert und mit Pulverfarben gefasst.
3 u. 4   Orientalische Brücke in einem aus Korkrinde gebauten Felsen führt über eine Schlucht, grundiert und gefasst, Steine aus Lärchenrinde geschnitten.
5   Aus Hartstyropor werden die Steine einer Bogenbrücke mit einem Kerbschnitzmesser herausgeschnitten und in die Landschaft eingebaut.

Brunnen

Sie sind von Orten in unserer Umgebung kaum wegzudenken und kommen in den verschiedensten Arten vor: aus Stein, als Holztrog oder aus Metall. Wenn ein passender Platz vorhanden ist, sollte man in jede Krippe einen Brunnen bauen. Er ist Sinnbild für die Quelle des Lebens, Zugang zum Inneren der Erde und das Zentrum der Begegnung auf einem Platz.

Bei heimatlichen Krippen gestalten wir die Brunnen mit fließendem Wasser.

Ein Tiefbrunnen in Form einer Zisterne mit Winde und Lederbeutel.

Zisterne mit Galgen, an dem ein Seil mit Lederbeutel hängt, um Wasser aus der Tiefe des Brunnens zu holen.

Bei orientalischen Krippen würde das keinen Sinn ergeben, daher bauen wir dort sogenannte Tiefbrunnen, Ziehbrunnen oder Zisternen. Die Geschichte lehrt uns, dass es sehr viele historische Brunnen gibt, darunter auch einige berühmte aus dem Heiligen Land. Dazu zählen der Marienbrunnen in Nazareth – aus dem vielleicht schon die Heilige Familie Wasser schöpfte –, der Dreikönigsbrunnen in Bethlehem, der Josefbrunnen und der Jakobsbrunnen, welcher der bekannteste unter ihnen ist. Auf die Darstellungen von Brunnengruppen – Wasserträgerinnen mit Wasserkrügen und spielenden Kindern, Hirten, die ihre Schafe zur Tränke führen – sollte also auch beim Bau einer orientalischen Krippe nicht verzichtet werden.

Für den heimischen Brunnen holt sich der Krippenbauer die Motive und Ideen am besten aus seiner Umgebung. Bei orientalischen Brunnen ist das leider nicht möglich. Sie stehen meist im vorderen Stadtteil, in der Nähe eines Tores oder sind an einer Mauer angebaut. Es gibt auch freistehende Rundbrunnen und Zisternen oder Brunnen, die in eine Felsnische eingebaut werden.

Herstellung

Für einen orientalischen Rundbrunnen benötigen wir eine Kartonröhre, je nach Größe der Figuren mit einem Durchmesser zwischen 7 und 10 cm. Steht der Brunnen auf einer Anhöhe, schneidet man aus dem Boden ein Loch, sodass die Röhre sich versenken lässt, dadurch erzeugt man Tiefenwirkung. Je nach Figurengröße lässt man die Röhre entweder vom Boden herausstehen, bei 10 cm Figuren zum Beispiel 5 cm (siehe Kapitel Krippenmeter ab S. 93), oder schneidet das Rohr ebenerdig ab. Der über dem Boden stehende Teil wird mit Mauerwerk, Steinen oder Verputz verkleidet. Auch die Brunneninnenseite wird wie der über den Boden stehende Teil bis hinunter auf den Boden verputzt oder vermauert. Der Brunnenboden muss komplett dicht sein, damit das Gießharz nicht auslaufen kann.

Die einfachste Methode einen heimatlichen Brunnen zu bauen ist, einen verwitterten Birken- oder Fichtenast mit ca. 3-4 cm Durchmesser zu verwenden: Man schneidet sich ein Stück von 10-12 cm Länge ab, höhlt es mit einem Stemm- oder Hohleisen aus und bohrt auf einer Seite ein Loch für den Abfluss, das man mit einem Holzstöpsel wieder verschließt. Diese Art von Brunnen ist auf jeder Alm zu finden und eignet sich hervorragend für heimatliche Krippen.

Ein Patrizierbrunnen, an dem ein Lederbeutel voll mit Wasser aus Gießharz hängt.

Eine Zisterne mit einer Holzkurbel, an der ein Seil mit einem Kübel zur Wasserbeförderung angebracht ist.

Eine Zisterne mit Galgen, an dem ein Seil mit einem Behälter hängt, um Wasser aus der Tiefe des Brunnens zu holen.

Ein typischer Dorfbrunnen, wie er in Tirol noch zu finden ist, gemauert und verputzt. Das Wasser ist aus glasklarem Gießharz und der Wasserstrahl aus flüssigem Klebstoff (in diesem Fall Uhu) hergestellt.

◆ Die einfachste Art einen Almbrunnen herzustellen

1 u. 2 Die einfachste Art einen Almbrunnen herzustellen: Mit einem Bohrer werden Löcher in ein Stück Birkenast gebohrt und anschließend mit einem Messer ausgeputzt.

3 u. 4 Der ausgehöhlte Brunnen wird mit zwei Holzästchen unterlegt, als Wasserhahn wird ein Stück Ast verkehrt angepasst und an die vorgesehene Stelle auf der Krippe platziert.

5 Die einfachste Art einen Dorfbrunnen herzustellen ist, ihn aus Weichfaserplatten zuzuschneiden, zu verputzen und mit Gießharz zu füllen.

Krippendach

Früher deckte man, da im Alpenraum reichlich vorhanden, die Dächer mit Holz und Schindeln. Später verwendete man den roten gebrannten Lehmziegel, der auch heute noch häufig zu sehen ist. Im Schweizer Alpenraum benützt man Schieferplatten und in den südöstlichen Ländern Stroh und Schilf. Materialien wie Blech, Kunststoff oder Flämmpappe werden erst in jüngster Zeit eingesetzt.

So kommt es wieder auf die Art der Krippe an, für welches Dach man sich entscheidet. Heimatliche Krippen sollten mit Dächern gedeckt werden, die in der Umgebung, wo sie hergestellt werden, üblich sind.

Heutzutage werden Häuser meist nur mehr zu touristischen Zwecken mit Schindeln gedeckt, aber diese prägten unser Landschaftsbild über viele Jahrhunderte hinweg. Man unterscheidet zwei Arten von Schindeln: zum einen die Langschindeln, sie sind 1-2 m lange Lärchenbretter, die nach einigen Jahren umgedreht und neu gedeckt werden, und zum anderen die Kurzschindeln, sie sind ca. 50 cm lang und aus Lärchenholz gespalten. Die Variante, Dächer mit Lärchenschindeln, die mit Steinen beschwert sind, zu decken, wird bei heimatlichen Krippen am häufigsten verwendet.

Herstellung eines Schindeldaches

Nach dem Festlegen der Schindelgröße – bei einer Figurengröße von 10-12 cm beträgt die Schindellänge 4-5 cm – schneidet man aus einem feinfaserigen, astfreien Fichtenholzbrett einige 2-3 cm starke Streifen ab. Mit einem scharfen Messer spaltet man dünne Plättchen von den Holzstreifen, danach bricht man die Plättchen mit der Hand oder einer Zange in verschieden breite Teile auseinander, um unterschiedliche Schindeln zu bekommen.

Bevor mit dem Decken des Daches begonnen werden kann, müssen noch Dachlatten – dünne Querleisten 5 x 3 mm –, auf welche die Schindeln geklebt sind, hergestellt werden. Die Anzahl der Latten, auch Konterlatten genannt, und die Abstände zwischen ihnen werden durch die Länge der Schindeln ermittelt. Man befestigt die Latten quer zu den Sparren, auch Rofen genannt, in gleichen Abständen. Dabei wird die unterste Latte hochstehend angebracht, um die richtige Neigung zu erreichen.

Auf die Dachlatten streicht man etwas Leim und beginnt an der untersten Reihe mit dem Auflegen der Schindeln. Es ist darauf zu achten, dass die Schindeln nicht zu gleichmäßig und zu gerade in einer Reihe verlegt werden. Damit kein eintöniges und fades Dach entsteht, soll eine unregelmäßige Linie gestaltet werden. In weiterer Folge bringen Sie eine Reihe nach der anderen in der gleichen Arbeitsweise an, bis die ganze Dachflä-

che fertig gedeckt ist und mit der letzten, der sogenannten Giebelreihe, endet. Nachdem auch die zweite Dachhälfte mit Schindeln bedeckt wurde, werden noch die Giebellatten, die sogenannte Firsthaube, als Abschluss des Daches angebracht. Dazu benötigen wir zwei abgespaltene, dachlange Brettchen, die mit der Giebelkante abschließen sollten.

Um Schnee, Wind und Wetter standhalten zu können, werden auf ein Schindeldach quer zu den Schindeln noch Presslatten befestigt. Für Presslatten verwendet man 5-6 mm starke Leisten oder Rundhölzer, auf denen man mit Leim und Heißkleber noch Schindelsteine zum Beschweren anklebt, und leimt diese auf.

Dachkonstruktion mit schönem Bundwerk.

1 Firstpfettenkopf
2 Mittelpfettenkopf
3 Verbund oder Fluggesperr
4 Hängestrebe
5 Pfettenkopfstreben
6 Andreaskreuz
7 Binderzangen oder Kehlbalken
8 Binder- oder Bundbalken
9 Geschweifte Säule
10 Flugsperrbalken oder Kehlbalken des Verbundes

◆ Aus einem Holzstück fertigen wir ein Schindeldach

1 u. 2 Aus einem zugeschnittenen Holzstück spalten wir mit einem größeren Messer Dachschindeln.
3 u. 4 Die Schindeln werden auseinandergebrochen und auf die angebrachten Dachlatten geleimt.
5 u. 6 Fertig geschindelte Dächer wirken umso echter, je unregelmäßiger sie aufgeklebt wurden.
7 u. 8 Durch das Aufkleben und Auftragen von Moos und Asche erreicht man das natürliche Aussehen eines alten Schindeldaches.

Herstellung eines alten verwitterten Daches

Entweder wird von Grund auf ein altes abgewittertes Schindelholz verwendet oder man versucht das neue Holz auf alt zu beizen.

Aus alten Schindeln werden dünne, 2 mm dicke Brettchen herausgeschnitten und mit einer Zange zu 4-5 cm langen Schindeln gebrochen, nicht geschnitten. Die weitere Verarbeitung erfolgt wie auf Seiten 115-116 beschrieben.

Bei neuem, unbehandeltem Holz muss eine Beize angemischt werden. Man benötigt eine wasserlösliche, graue Holzbeize und mischt ca. 20% Leimwasser und ca. 5% Umbra natur Pulverfarbe dazu; diese Mischung gut verrühren. Das fertige Schindeldach mit der Beize-Mischung 2-mal einstreichen und beim zweiten Anstrich sehr viel Beize auftragen, damit das in Folge aufgestreute, feingemahlene Moos kleben bleibt. Danach wird zum Auftrocknen der restlichen, flüssigen Beize noch Holzasche darübergestreut. Nachdem alles durchgetrocknet ist, wird die Asche mit einem Pinsel vom Dach gekehrt, aber nicht abgesaugt, weil das übrig gebliebene Moos und die restliche Asche auf den Schindeln kleben bleiben sollen, um dem Dach ein naturgetreues Aussehen zu verleihen.

Die Presslatten werden vor, die Schindelsteine nach dem Beizen des Dachstuhls und nach dem Auftragen des Mooses und der Asche angebracht.

1 Ein auf „alt" gefertigtes Schindeldach.
2 Aus alten Lärchenschindeln hergestelltes Dach mit aufgesetztem Kamin.
3 Mit Presslatten und Steinen beschwertes Schindeldach, gefertigt aus altem Schindelholz.

◆ Orientalische Krippendächer aus Makkaroni-Nudeln

1   In einem Kochtopf werden Makkaroni-Nudeln vorgekocht.

2 u. 3   Die Nudeln werden gerade geschnitten und halbiert. Danach klebt man die untere Reihe auf das vorgefertigte Dach und die obere Reihe versetzt und verkehrt darüber. Diesen Vorgang wiederholt man Reihe für Reihe, bis das Dach fertig gedeckt ist.

4 u. 5   Diese Art von Dächern eignet sich als Überdachung eines Einganges ebenso wie zur vollen Eindeckung eines orientalischen Daches, man nennt die Dächer „Mönch und Nonne".

Kamine

Kamine fertigt man, wie alle übrigen Teile einer Krippe, aus Weichfaserplatten, die man entsprechend aussägt, verkleidet und zusammennagelt. Da der Kamin nach der Fertigstellung des geschindelten Daches aufgeleimt wird, sollte man nicht vergessen, ihn der Dachneigung entsprechend schräg abzuschneiden. Bedenken Sie beim Aufsetzen des Kamins, wo im darunterliegenden Gebäude theoretisch ein Ofen stehen könnte. Nach dem Fassen des Kamins muss er noch mit einer Kerze von oben abgebrannt und verrußt werden.

Die Bilder und Zeichnungen zeigen Ihnen, wie verschieden ein Kamin aussehen kann.

1 Aus Schindelholz hergestellter Holzkamin, wie man ihn früher bei Bauernhäusern verwendete.
2 Aus zusammengeleimten Weichfaserplatten wurde ein Kamin herausgeschnitten, verputzt und nach dem Fassen mit einer Kerze abgebrannt.

Fenster und Türen

Im ländlichen Raum wurden früher die Türen mit Motiven und Ornamenten verziert, sie waren wuchtig und stark gebaut und zum Schutz vor Fremden und Hausierern von innen mit einem Baum verriegelt. Die Fenster waren kleiner und hatten mehrere Sprossen, damit der Wohnraum leichter beheizt werden konnte. Viele traditionelle Bauernhöfe sind auch heute noch erhalten, sodass der Krippenbauer sich von diesem Kulturgut noch vieles abschauen kann. Für heimatliche Krippen sind unsere Dörfer und Ortschaften eine ständige Quelle interessanter Ideen. Der Krippenbauer kann in seiner Umgebung immer wieder neue Details erspähen und sozusagen aus dem Vollen schöpfen.

Bei orientalischen Krippen muss man sich auf Bücher, Bilder oder Urlaubserinnerungen verlassen, um einige Originaldetails umsetzen zu können.

Im Krippenbau sollte man sich öfter auf die Schlichtheit mancher Dinge konzentrieren, denn gerade eine bescheidene Bauart von Fenstern und Türen zieht Blicke auf sich.

Herstellung heimatlicher Fenster und Türen

Zuerst zeichnet man sich auf den zugeschnittenen Mauerteilen die Fenster- und Türöffnungen ein. Mit einem scharfen Kerbschnitzmesser oder einem Stemmeisen schneidet man die Öffnungen heraus – die Fensteröffnung kann auch schräg geschnitten werden. Aus dünnen Holzstäbchen fertigt man Rahmenteile und leimt diese in die Fenster- und Türöffnungen. Dabei sollte ein Stockholz von 2-3 mm bei Fenstern und 4-5 mm bei Türen sichtbar bleiben. Für Fensterkreuze oder Sprossen verwenden wir dünne

Türplatte aus einer alten Schindel herausgeschnitten und mit Beschlägen versehen.

Einem Original nachgeahmte Türplatte aus Brettchen von Obstkisten und Sperrholzplatten angefertigt, gebeizt und bemalt.

Verschiedene heimatliche Fenster- und Türkombinationen.

Fenster mit Holzrahmen in eine Steinmauer und in eine verputzte Mauer eingebaut.

Holzstäbchen oder Zündhölzer, die an der Stelle der Überkreuzung eingekerbt werden. Als Fensterscheiben verwendet man durchsichtiges Plastik (Celluloid, Verpackungsmaterial), wovon man mit der Schere ein passendes Stück ausschneidet, das mindestens 10 mm größer als die Fensteröffnung sein sollte. Nach dem Anpassen der Scheibe klebt man sie mit Kaltleim und Heißkleber von hinten an den Fensterrahmen und beschmiert sie mit Leim und Asche. Auch die Türen klebt man von hinten auf den Rahmen. Wenn man die Tür einen kleinen Spalt offen lassen will, muss man darauf achten, dass von vorne nicht in den Raum gesehen werden kann. Um den Effekt einer zerbrochenen Scheibe zu erreichen, schneidet man mit einer Schere oder einem scharfen Messer einige Spitzen heraus. Damit die Glasscheiben nicht mit Farbe beschmiert werden, sollte man sie erst einsetzen, wenn alle Holzrahmen gebeizt und gut durchgetrocknet sind.

Herstellung orientalischer Fenster und Türen

Nach dem Zuschnitt der Mauerteile werden, wie bei den heimatlichen Krippen, die Fenster- und Türöffnungen eingezeichnet und die Öffnungen mit dem Kerbschnitzmesser ausgeschnitten. Bei orientalischen Krippen wirkt aber das Ummauern der Fenster und Türen mit Steinen oder Steinblöcken am besten.

Für Fenstergitter verwendet der Krippenbauer die unterschiedlichsten Materialien: Drahtgitter in verschiedenen Mustern, Stanzbleche, Jute- und Naturfasern oder Kunststoffgitter, die zum Vernetzen beim Hausputz verwendet werden. Diese klebt man mit Kaltleim oder Heißkleber auf die Innenseite der Fenster. Links und rechts der Fensteröffnungen werden Holzleisten angebracht, auf denen undurchsichtiges Transparentpapier aufgeklebt wird.

Dadurch kann beim Beleuchteten des Inneren der Häuser das Licht herausscheinen und man kann trotzdem nicht hineinsehen.

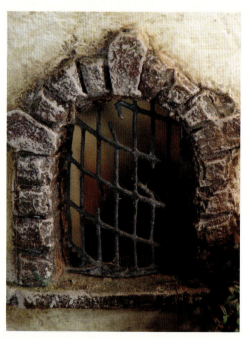

Rundbogenfenster für orientalische Krippen im Rohzustand und fertiggestellt.

1 u. 2 Tür im rohen Zustand und Tür nach dem Fassen, fertiggestellt mit Türbändern und Türring.

3 u. 4 Gleiche Fensteranordnungen, jedoch mit unterschiedlichem Mauerwerk.

Verschiedene orientalische Tür- und Fensterkombinationen.

Rundbogentüren aus Kupfer- und Blechresten für orientalische Krippen vorbereitet.

Gebäude-, Stein- und Krippenmauern

Von einer schönen und tollen Krippe kann man erst sprechen, wenn viele alte Mauern in unterschiedlichen Varianten die Krippenlandschaft bereichern. Bei Brunnen, Stadtmauern, Abbruchteilen, Stiegen- und Wegaufgängen kann altes Mauerwerk geheimnisvoll wirken. Bei der Gestaltung der Mauern von Gebäudeteilen, Türmen, Häusern und Ruinen kann man seinen Ideen im Detail freien Lauf lassen und so lange probieren, bis ein möglichst naturgetreuer Eindruck entsteht. Jeder Krippenbauer wird, wenn er mit offenen Augen „krippeleschaugn" geht, die tollsten Ideen finden.

Aufgrund der hohen Anzahl verschiedener Arten von Mauerwerk kommen nicht nur verschiedene Arbeitstechniken zum Einsatz, sondern auch unterschiedliche Materialien. Grundsätzlich sollten aber alle Teile vor dem Verputzen zur besseren Haftung mit Leimwasser bestrichen werden.

Herstellung von Steinmauern

Man schneidet aus Lärchenrinde, Korkrinde, Hartstyropor, Zirben- oder Lindenholz verschieden große Stücke, schnitzt sie zu Steinen und beginnt diese mit Kaltleim zu einer Mauer zusammenzusetzen. Beim Aufbau der Steine sollte darauf geachtet werden, dass sie unterschiedlich versetzt gemauert werden, denn es muss keine möglichst gerade Mauer entstehen. Damit beim Krippenbau die gewünschte Natürlichkeit erreicht wird, darf nicht der Eindruck entstehen, dass das Mauerwerk mit einer Wasserwaage angefertigt worden ist.

Eine weitere Methode eine Mauer herzustellen besteht darin, mit Steinchen-

1 u. 2   Für die Ziegelsteine werden mit einer Fuchsschwanzsäge Streifen aus einer Lärchenrinde geschnitten.
3 u. 4   Mit dem Kerbschnitzmesser werden die Ziegel zugeschnitten und die Kanten gebrochen.
5 u. 6   Auf die vorbereitete Weichfaserplatte wird Leim aufgetragen und die Ziegel werden versetzt aufgeklebt.

masse zu arbeiten. Dafür formt man aus einer dicken Mörtelmasse unterschiedlich große Steine, die sowohl getrocknet als auch noch nass und frisch, wie auf Seite 132 beschrieben, vermauert werden können.

Herstellung von Gebäudemauern

Zunächst sollten die Gebäudeteile aus Weichfaserplatten zugeschnitten, alle Türen und Fenster angezeichnet und ausgeschnitten und die Einzelteile zusammengeleimt werden. Anschließend schneidet man an jenen Stellen, an denen Mauern bei alten Häusern gerne ausbrechen, die Hälfte der Wandstärke heraus. Die auf diese Weise erzeugten Schadstellen sollten mindestens 6-7 mm tief sein, damit die Steine oder Ziegel, mit denen die Lücken gefüllt werden, nicht über das Mauerwerk herausstehen. Zum Ausbessern können auch Steine und Ziegel gemischt verwendet werden, weil dafür in vergangenen Zeiten immer Materialien, die gerade zur Verfügung standen, benutzt wurden.

Verputzen von Stein- und Gebäudemauern

Alle Mauerteile, auch die ausgebrochenen mit Ziegel- und Steinrand, müssen verputzt werden. Bei heimatlichen Krippen wird grober, bei orientalischen Krippen feiner Putz verwendet. Das verputzte Mauerwerk nicht mit nassem Schwamm verwischen, weil die Struktur, die durch das Ab- und Ansetzen beim Spachteln entsteht, sichtbar bleiben soll.

1, 2 u. 3   Steinmauern für heimatliche Krippen können auch mit Natursteinen anstelle von Lärchenrinde gemauert und gebaut werden.

4 u. 5   Diese Mauern bestehen aus Steinen, die aus Zirbenholz geschnitzt wurden.

Ein schöner Gesamteindruck wird aber erst durch einen unregelmäßigen Abschluss der abgebrochenen Putzstellen erreicht. Dafür fährt man mit einem spitzen Gegenstand oder Nagel zwischen Ziegelmauern oder Putzwerk und hebt einige Stücke der Putzschicht ab. Dadurch erhält man natürliche Bruchstellen, die einem feuchten abgeblätterten Mauerwerk täuschend ähnlich sehen. Nach dem Trocknen entstehen außerdem noch viele kleine und mittlere Haarrisse. Diese wirken zum Teil so natürlich, dass man die passenden Risse belässt und die restlichen wieder zuschmiert. Auf diese Weise haben wir, ohne großen Aufwand, eine rissige alte Mauer mit abgebrochenem Putz gebaut.

1 u. 2   Auf die vorbereiteten Weichfaserteile zeichnet man Torbögen und Fenster auf.
3 u. 4   Tür- und Fenstereinfassungen werden skizziert und Steine oder Ziegel aufgeklebt und angepasst.
5 u. 6   Das Mischen von verputzten Mauerteilen und gemauerten Stein- und Ziegelwänden eignet sich bestens für orientalische Krippen.

1 u. 2 Stadtteil, der sich in Arbeit befindet, und ein aus Lärchenrinde gemauerter Grottenteil.
3 Diese Steinblöcke aus 2 mm Graupappkarton wurden aufgeklebt und gefasst.
4 u. 5 Stadtmauer, Stadttor und gemischtes Mauerwerk aus Lärchenrinde, Korkrinde und Zirbenholz.
6 In Ytong- oder Rigipsplatten wurde die Struktur einer Mauer hineingeritzt. Vor dem Fassen wurden die Platten mit Leimwasser getränkt und mit weißer Dispersionsfarbe grundiert.
7 u. 8 Tempelausschnitte mit Gesimsen, Säulen, Kapitellen und Mauerwerk.

Stall oder Grotte, Gelände und Felsen

Aus diesen Bestandteilen setzen sich meist alle Weihnachtskrippen zusammen: ein Hirtenfeld, ein Stadtteil und vor allem der im Mittelpunkt des Krippenbergs stehende Ort der Geburt Christi, der eine Grotte, eine Höhle oder ein Stall sein kann.

Wo genau sich die Geburt Christi ereignet hat, fragen sich Künstler, Schriftsteller und vor allem Krippenbauer schon seit Jahrhunderten. Dennoch wird es für uns immer ein Rätsel bleiben, ob das zentrale Ereignis der Weihnachtsgeschichte in einem Felsloch, einer Ruine, unter einem Torbogen, in einem zerfallenen Tempel, in einer Höhle, einem Hausstall oder Heustadel stattgefunden hat. Dennoch hat sich durchgesetzt, dass in eine heimatliche Krippe eher ein Stall und in eine orientalische Krippe eher eine Grotte oder Höhle gebaut wird.

Freunde der heimatlichen Krippe können sich Ideen und Motive aus ihrer näheren Umgebung holen und sich an der ländlichen Bauweise alter Gebäude und Höfe orientieren.

Orientalische Krippen unterscheiden sich vor allem durch eine karge und öde Landschaft. Bei ihnen sollten das Hirtenfeld und der Stadtteil von Bethlehem dem Landschaftsbild des Orients ähneln.

Baut man eine Felsgrotte, muss darauf geachtet werden, dass die verwendeten Materialien nicht zu dünn sind, damit die Höhle nicht den Charakter eines Iglus bekommt. Es wirkt sehr schön, wenn die Felswände durch Mauerteile abgestützt werden und die Höhle durch das Einbauen eines Spiegels in die Tiefe verlängert wird. Die Decke der Grotte kann man auch mit einer Säule abstützen. Ingesamt sollte aber kein zu gekünstelter, sondern ein natürlicher Eindruck entstehen, die Grotte wie aus einem Fels gehauen wirken und mit vielen Nischen und Löchern versehen sein.

Aus Steinen gemauerter, offener Stall mit angebautem Schafstall.

Heimatliches Wohngebäude mit nebenstehendem Stadel und angebautem Tennen, der als Geburtsgrotte dient.

Materialien für heimatliche Krippen

Für Felswände und Höhlen verwendet man Lärchenrinden (sie charakterisieren einen schieferartigen Felsen). Das Mauerwerk wird mit Steinen aus geschnittener Lärchenrinde, geschnitzten Zirbenholzsteinen oder richtigen Natursteinchen und Mörtelmasse gebaut.

Wege, Bachbett und ebenes Gelände werden mit Weichfaserplatten abgedeckt und mit Mörtelmasse verstrichen. Für die Holzteile eines Stalles verwendet man altes, zurechtgeschnittenes Schindel- oder Fichtenholz.

Materialien für orientalische Krippen

Für Felswände und Höhlen verwendet man Korkrinden oder Buchenstöcke und für das Mauerwerk Steine aus geschnittenen Lärchenrinden, geschnitzte Zirbenholzsteine oder aus Mörtelmasse hergestellte Steinblöcke.

Das Gelände der meisten älteren Krippenberge besteht aus Buchenstöcken oder Lärchenrinden, die mit in Leim getränkten Leinentüchern überzogen und bemalt wurden. Man bestreute den Berg anstelle von gemahlenem Moos häufig mit gefärbtem Sägemehl, dem sogenannten „Pudel".

Ein original nachgebauter Bauernhof dient als Krippe. Nur der Stallbereich wurde zur besseren Einsicht etwas größer gestaltet.

Gemauerte orientalische Grotte mit angebautem Turm und ein Teil einer zerfallenen Stadtmauer.

Offener Tennen mit Wohnraum für die Heilige Familie, tiefer liegender Ziegenstall und Backofen.

Höhlengrotte mit Stadtmauer, Zisterne und Stadtteil mit Hintergrund.

Zu einer Tempelruine mit zusammengebrochenen Säulen passen sizilianische Figuren am besten.

Verlängerter Stadtteil wurde in den Hintergrund gemalt.

Krippenzaun

In fast allen Krippen befindet sich ein Zaun oder, wie früher üblich, eine grundstücktrennende Steinmauer. Zäune symbolisieren Grenzen, dienen zur Absperrung und schützen. Ein Zaun vor unserer Krippe dient nicht nur der Landschaftsgestaltung, sondern bedeutet auch, dass die Hände der „Krippeleschauger" bis hierher und nicht weiter reichen sollen.

Es ist nicht immer leicht, den richtigen Zaun für seine Krippe auszuwählen, denn es gibt unzählige Zaunarten. Einige davon möchte ich beschreiben.

Die im Folgenden angegebenen Maße beziehen sich auf eine Figurengröße von 10 cm (bei größeren oder kleineren Figuren müssen sie umgerechnet werden, siehe Krippenmeter S. 94-95).

Ringzaun

Der Ringzaun ist eine unverkennbare und einfach herzustellende Zaunart, bei der paarweise hintereinander eingeschlagene Zaunpfosten mit sogenannten „Ringästen" oder „Zaunringen" zusammengehalten werden. Bretter oder Stöcke bilden die Querlatten und sind schräg nach unten zwischen den Steckenpaaren eingeklemmt.

Ein Ringzaun ist einfach zu bauen: Wir zeichnen paarweise den Platz für die Pfosten ein (Abstand zwischen den 2 Stecken des Pfostenpaars ca. 1 cm, Abstände zwischen den Paaren ca. 7-8 cm). Bei den Markierungen werden 5-7 mm tiefe Löcher gebohrt. Von getrockneten, alten Fichtenzweigen oder Almrosenstauden brechen wir Äste für die Zaunpfosten in ca. 5,5 cm Länge ab. Diese werden 0,5 cm tief in den Boden gesteckt, die obersten 0,5 cm werden für den obersten Zaunring verwendet und 4,5 cm bleiben für die Zaunhöhe. Die Äste werden etwas zugespitzt und in die vorgebohrten Löcher geleimt.

Ringzaun, hergestellt aus Fichten- und Weidenästen.

Stangen- oder Lattenzaun, aus altem Schindelholz angefertigt.

Eine Seltenheit ist dieses Original eines Schrankzaunes. Leider gibt es nur mehr wenige dieser Art in unserer Gegend.

Lattenzaun, der in verschneiter Winterlandschaft steht.

Sprossenzaun, den man in dieser Art nur mehr selten sieht.

Bei den Pfosten benützt man vorne etwas dünnere und hinten etwas stärkere Stecken, zwischen denen schräg nach unten und auf dem Boden aufliegende Brettchen geschoben und eingeklemmt werden. Für die dünnen Pfosten verwenden wir alte Dachschindeln, die gespalten oder herausgeschnitten werden. Als Alternative kommen auch auf alt hergerichtete Holzleisten oder getrocknete Fichtenästchen in Frage. Zur Befestigung der Querlatten drücken wir einfach einen kleinen vorgefertigten Zaunring über das Pfostenpaar. Die kleinen Ringe werden aus in Leim getränktem und mit Umbra-Farbe beschmiertem dünnen Spagat zusammengedreht. Zum Abschluss wird der Zaun mit Beize gestrichen und besonders die Anschnitte dadurch dem alten Holz angepasst. Nach dem Trocknen entstehen erfahrungsgemäß kleine Wasserflecken, die den Zaun ziemlich alt und abgewittert aussehen lassen.

Schrankzaun

Eine heutzutage selten verwendete Zaunart ist der Schrankzaun. Seinen Namen hat er vom Verschränken der Zaunlatten. Er besteht aus Stecken, Latten, Brettern oder Spaltlatten, die X-förmig in den Boden geschlagen und dicht ineinander verschränkt werden. Für seine Herstellung im Krippenbau verwenden wir das Abfallmaterial, welches vom Stadel- oder Tennenbau übrig geblieben ist. Mit einer Bandsäge oder einem Messer spalten wir dünne Bretter ab und mischen diese mit abgewitterten Fichtenzweigen, die 6-7 cm lang sein sollten. Den gewünschten Zaunverlauf zeichnen wir uns auf der Krippe an und bohren alle 2-3 cm kreuzweise ca. 1 cm tiefe Löcher in den Boden. Die vorbereiteten dünnen Zaunstecken werden X-förmig verschränkt in den Boden geleimt. Sie bieten Halt und verhindern ein Umfallen des Zauns.

Ringzaun.

Stangenzaun mit Latten zum Öffnen.

Steckzaun.

Stangenzaun mit Gatter.

Stangenzaun, dem Gelände angepasst.

Danach stecken wir die übrigen Latten kreuz und quer ineinander, bis ein dichter und undurchlässiger Zaun entstanden ist. Der Schrankzaun ist vielleicht etwas schwieriger anzufertigen und verlangt vom Krippenbauer viel Geschick, aber die Mühe lohnt sich.

Stangen- oder Lattenzaun

Für die senkrechten Pfosten verwenden wir abgestorbene Fichtenäste, die in den richtigen Abständen in die in den Boden vorgebohrten Löcher geleimt werden. Für die Querlatten schneidet man die Fichtenäste in der Mitte auseinander und leimt 3-4 Stück in unterschiedlichen Abständen und Höhen an die Pfosten. Die Rück- oder Schnittseiten der Querlatten müssen noch mit einer wasserverdünnten Beize an das natürliche Holz angepasst werden. Dieser Zaun kann auch mit Abfallleisten und übrig gebliebenen Brettchen gebaut werden.

Sprossenzaun

Der Aufbau des Sprossenzauns ist mit jenem des Lattenzauns bis zur Anbringung der Querlatten identisch. Man benötigt für ihn nur 2 Latten, eine für oben und eine für unten. Für die Sprossen können wir Abfallbrettchen genauso wie abgestorbene Fichtenästchen verwenden, die senkrecht auf die Querlatten geleimt werden.

Heimatliche Krippenteile in Bildern und Skizzen

Auf den nächsten Seiten finden Sie Detailabbildungen, Landschafts- und Gebäudeansichten von Krippen, die im alpenländischen, Tiroler Baustil hergestellt wurden. Die dargestellten Bilder zeigen die unterschiedlichen Möglichkeiten zur Gestaltung und Ausführung der einzelnen Bestandteile. Die Herstellung und das verwendete Material der jeweiligen Krippenteile sind in den entsprechenden Artikeln genauer beschrieben.

Für den Unterbau eines Backofens werden geschnitzte Steine auf eine Weichfaserplatte geklebt. Im hohlen Innenraum montiert man das Licht für die Feuerstelle. Der Feuerraum besteht aus einer halbierten, mit Steinen verkleideten Kartonröhre. Über dem Backofen befindet sich eine Holzkonstruktion mit einem Schindeldach.

Ein Backofen oder eine Mühle mit kleinem Bach sollten, wenn genügend Platz vorhanden ist, bei keiner heimatlichen Krippe fehlen, weil das Hirtenfeld aufgelockert wird und die Krippenlandschaft realistischer erscheint.

Ausgetretener und mit Brettern abgestützter Stiegenaufgang: Bevor der Boden mit Mörtelmasse verstrichen wird, muss man vor der Stiege kleine Holzbretter mit Pfosten hinleimen und diese nach dem Fassen mit natürlicher Sandstreu bekleben.

Verschiedene Dachkonstruktionen, Holzschupfen und Stadelbauten gehören zum heimatlichen Landschaftsbild.

Vorschläge für unterschiedliche Aufbauten und Anordnungen heimatlicher Weihnachtskrippen in Bildern und Skizzen.

Orientalische Krippenteile in Bildern und Skizzen

Dieser Abschnitt widmet sich in Form von Bildern orientalischen Landschaftsteilen, kargen Gebirgs- und Felsenlandstrichen, dem Wüstencharakter, Palmen und Olivenbäumen sowie Gebäuden im Baustil Israels, Palästinas und der arabischen Mittelmeerländer, die mit kleinen Fenstern und Kuppeldächern geschmückt sind.

Es wird gezeigt, wie im Krippenbau die historische und biblische Wahrheit durch die Gestaltung von Krippenteilen zu verwirklichen versucht wird.

Plinthe.

Basis.

Schaft.

Kanneluren.

Kapitell.

Abakusplatte.

Säulen aller Art (hier sind korinthische Säulen abgebildet) sind ein Blickfang in jeder orientalischen Krippe. Weil Modelle teuer sind und das Gießen mit Modelliergips ein großer Aufwand ist, werden Säulen nur in wenigen Krippenvereinen selbst hergestellt. Es gibt sie in jedem Krippenfachgeschäft zu kaufen.

Plinthe: quadratisches Element am Fuß einer Säule
Basis: rundes Element am Fuß einer Säule
Schaft: Mittelteil einer Säule, meist rund

Kanneluren: Rillen am Schaft einer Säule
Kapitell: Element am Kopf einer Säule, meist rund
Abakusplatte: oberstes Teil eines Kapitells, quadratisch

Einfache Feuerstellen in orientalischen Krippen befinden sich unter einem Zelttuch, das mit kleinen Fichtenästen abgestützt wird. Rauch wird aus Engelshaar oder nicht gereinigter Schafwolle hergestellt.

Von orientalischen Krippen kaum wegzudenken sind Beduinenzelte. Sie bestehen aus Leinentüchern, die in Leimwasser getränkt und mit Pulverfarben bemalt wurden.

Türme in den verschiedensten Ausführungen – neben der Geburtsgrotte oder bei Stadtmauern – bestehen aus einer Kartonröhre, auf die geschnitzte Ziegel und Steine geklebt werden. Wendeltreppen im Inneren von Türmen werden aus runden Weichfaserplatten, mit dem gleichen Durchmesser wie die Türme, hergestellt. Dafür werden die Platten geviertelt und so übereinandergeklebt, dass ein Stufenauftritt von ca. 11-13 mm bei 10 cm Figuren entsteht.

Krippenteile

Verschiedene Kleinteile

Die im Folgenden angegebenen Maße beziehen sich auf eine Figurengröße von 10 cm (bei größeren oder kleineren Figuren müssen sie umgerechnet werden, siehe Krippenmeter S. 94-95).

Türring

Aus einem Blumen- oder Binddraht dreht man mit Hilfe eines runden Gegenstandes (Holzdübel, Bleistift) einen kleinen Ring und ein U-förmiges Stück. Der Ring wird in das U eingehängt und zusammengedrückt. Dort wo der Türring hängen soll, bohrt man ein kleines Loch und mit etwas Kleber leimt man ihn in die vorgesehene Bohrung.

Diese Ringe werden im alpenländischen Raum zum Anhängen von Tieren oder zum Aufhängen von Stricken verwendet und befinden sich an der Stallwand oder an Balken. Bei orientalischen Krippen werden sie an Türen angebracht.

Klammereisen

Die im Volksmund unter Klammern bekannten Verbindungseisen, die in Zimmereien und beim Holzbau nicht wegzudenken sind, können in einer heimatlichen Krippe als Zierde und am Dachstuhl verwendet werden.

Für die Klammereisen eignet sich ein flachgeklopfter Draht oder Nagel, der mit einer Zange nach 15-18 mm gebogen und an den Enden zugespitzt wird. Es können auch Büro- oder Kartonklammern, die wir zum Heften von Blättern kennen, verwendet werden. An der beabsichtigten Verbindungsstelle werden Löcher vorgebohrt und die Klammern eingeschlagen.

Stiefler (Heustangger, Heuschober)

Ein Stiefler ist ein Stangengerüst, auf dem Heu zum Trocknen aufgehängt wird. Dafür werden Holzstäbe mit ca. 6 mm Durchmesser und ca. 10 cm Länge benötigt. Diese spitzt man an den Enden zu und bohrt abwechselnd von der Seite und von vorne im Abstand von 15 mm mit einem 1 mm Bohrer Löcher hinein. Danach leimt man ca. 3 cm lange, abgebrochene Zahnstocher in diese Löcher. Zum Abschluss muss der Stiefler nur mehr mit einer wässrigen Beize eingelassen werden.

Hackstock mit Hacke

Um einen Hackstock herzustellen, benötigen wir ein 4,5 cm langes Stück eines Fichten- oder Birkenastes mit ca. 2 cm Durchmesser. Dieses ritzen wir an einer der Schnittflächen mit dem Kerbschnitzmesser einige Male ein. Für die Hacke schneiden wir aus einer Blechdose die Form des Metall- oder Eisenteils (Schaft) heraus. Danach wird ein kleiner hölzerner Stiel vorne gespalten und der Schaft in den Spalt geleimt. Abschließend wird die Hacke mit der Schneide auf die eingeritzte Seite des Holzstocks geklebt.

Türken (Maiskolben, Kukuruz)

Um einen sogenannten Türken herzustellen, nehmen wir ein zugespitztes rundes Hölzchen und leimen an der stärksten Stelle ca. 5 cm naturfarbenen Handarbeitsbast an. Dieser soll die Umhüllungsblätter des Maiskolbens darstellen und ermöglicht bei Bedarf die Kolben aufzuhängen. Danach bestreichen wir den zugespitzten Teil mit Leim und drücken Polentagrieß an. Sobald dieser angetrocknet ist, können die Maiskolben auf vorbereitete Trockenstangen gebunden werden.

Krüge, Töpfe und Teller

Entweder man besorgt sich einen Modellierton und formt die Töpfe, Krüge und Teller selbst und brennt sie anschließend im Backofen. Dabei sollte man auf die durch den Krippenmeter errechnete Größe achten. Oder man versucht auf Weihnachtsmärkten passende Stücke zu bekommen.

Rechen

Nachdem die Maße berechnet wurden, schneidet man sich die Holzstücke, das Rechenblatt und den Rechenstiel passend zu und bohrt für die Zinken im Abstand von ca. 1-1,5 mm kleine Löcher in das Rechenblatt. Als Zinken verwenden wir 2-3 mm große Zahnstocherspitzen, die in die vorgebohrten Löcher geleimt werden. Danach wird der Stiel angebracht und der Rechen mit verdünnter Beize gestrichen.

Sense

Aus einer Blechdose oder einem Stück Alu-Blech schneidet man sich, nachdem die Größe der Sense durch den Krippenmeter errechnet wurde, ein passendes Sensenblatt zu. Aus kleinen Holzstäben richtet man sich den Sensenstiel, den Griff und den Schieber bereit, leimt diese zusammen und spaltet vorne den Sensenstiel, in diesen Spalt wird das Sensenblatt hineingeklebt.

Geschenke der Heiligen Drei Könige

Nicht jeder hat die Möglichkeiten und das entsprechende handwerkliche Können, um kleine vergoldete Truhen und Kelche selber herzustellen. Deshalb muss ein Krippenbauer das ganze Jahr über auf den verschiedensten Floh- und Trödlermärkten die Augen offen halten, denn dort sind oft die schönsten Stücke, die nicht einmal teuer sein müssen, zu finden.

◆ Krippenbotanik

Das Vorbild jedes Krippenbauers ist die Natur; diese möglichst realistisch nachzugestalten, gehört zu seinen wichtigsten Aufgaben. Dabei kann man sehr gut auf Pflanzen zurückgreifen – wie Sie diese am besten sammeln und konservieren und welche Baumarten in einer Krippe vorkommen können oder müssen, erfahren Sie in diesem Kapitel.

Das richtige Material

Die ganze Natürlichkeit einer Krippe, der Gesamteindruck der Landschaft und die Besonderheiten der jeweiligen Krippenart werden durch Pflanzen, Bäume und Gräser zum Ausdruck gebracht.

Hirschhoadrich.

Dabei kommt vor allem den Bäumen eine große Bedeutung zu, denn sie helfen durch ihre Eigenart einen Krippentyp zu betonen. Man denke zum Beispiel an Palmen, Zypressen und Zedern, die das Orientalische symbolisieren, oder an Nadelbäume, wie die Fichte, heimische Sträucher sowie Obstbäume, die an Hauswänden emporwachsen und bei heimatlichen Krippen nicht fehlen dürfen. Eine Ausnahme bildet der Laubbaum, er passt in jede Art von Krippe, denn ob als Apfel- oder Olivenbaum, er symbolisiert stets die Fruchtbarkeit.

Moosflechten.

Almgräser.

Schon in den Sommer- und Herbstmonaten sollten wir auf brauchbare Baumstämme, Wurzeln und Laubwerk achten und zu sammeln beginnen. Ein großer Vorrat erleichtert die Auswahl während des Krippenbaus. Bis zum Arbeitsbeginn müssen Wurzelstücke, verkrüppelte Jungbuchen, Heidelbeerstauden, getrocknete Almrosensträucher, Berberitzen, Astilben, Erika, Zweige vom Buchsbaum, Hirschheiderich und ähnliche Pflanzen vorhanden sein.

Wurzeln.

„Hirschhoadrich", Hirschheiderich oder Alpenazalee

Am Haus wachsende Obstbäume lassen sich mit dem Hirschhoadrich hervorragend nachbauen. Schon beim Suchen des Hirschhoadrich sollte der Krippenbauer wissen, für welchen Zweck er ihn verwendet.

Die wichtigste und meistgebrauchte Pflanze für die Krippenbotanik!

Vorweg ein sehr wichtiger Hinweis:

Der Hirschhoadrich wächst grundsätzlich erst ab einer Höhe von 2000 m und nur im Urgestein. Uns Krippenfreunden muss es ein großes Anliegen sein, mit der Natur sorgsam umzugehen, weil wir sie in unseren Krippen immer wieder darzustellen versuchen und sehr schätzen sollten. Bitte beachten Sie daher alle regionalen Vorschriften bezüglich Natur- und Pflanzenschutz! Weil in großen Höhen das Wachstum sehr langsam ist und es viele Jahre braucht, bis diese Pflanzen für unsere Krippen zu gebrauchen sind, müssen wir beim Sammeln besonders darauf achten, ihre Wurzeln nicht zu verletzen. Daher empfehle ich, schneiden Sie einzelne Zweige mit einer kleinen Baumschere oder einem Messer ab anstatt sie auszureißen.

An Hauswänden, Gebäuden und Mauern einer orientalischen Krippe kann mit Hirschhoadrich Efeu nachgestellt werden.

Tipps für eine längere Haltbarkeit

Grundsätzlich muss eine Krippe an einem möglichst kühlen und dunklen Ort aufbewahrt und direkte Sonneneinstrahlung vermieden werden. Dadurch bleiben die Farben natürlich, die Pflanzenteile halten länger und die Krippenfassung allgemein wird vor dem Verbleichen geschützt!

Nehmen Sie nur so viele Pflanzen mit, wie Sie wirklich benötigen! Günstig ist, die Stauden vor dem ersten Reif – Ende August, Anfang September – zu sammeln, weil dann die Blätter bei richtiger Lagerung besser an den Zweigen bleiben und um 1-2 Jahre länger halten. Den geschnittenen Hirschhoadrich von Gras und Erde befreien und in sauberem Zustand in einer Kartonschachtel, wenn möglich in einem Keller, lagern. Um die Pflanzenteile für viele Jahre widerstandsfähig zu machen, müssen sie präpariert werden, bevor man sie verarbeitet und in die Krippe einbaut. Zur Präparation eignen sich nur holzige Pflanzen, die so schnell wie möglich nach dem Einsammeln konserviert werden sollten.

Konservierung mit Klarlack

Die einfachste Art die Haltbarkeit des Hirschhoadrichs zu verlängern ist, nach dem Reinigen die Zweige beidseitig mit farblosem Mattlack zu besprühen und ihn nach dem Trocknen bis zur Verwendung in einer Schachtel zu lagern. Dadurch verzögert man eine unschöne Verfärbung der Blätter und verlängert die Haltbarkeit um 2-3 Jahre.

Konservierung mit Dispersionsbinder

Eine weitere einfache Methode der Pflanzenkonservierung ist das Eintauchen in verdünnten Dispersionsbinder. Wir benötigen dazu 1 Liter farblosen Dispersionsbinder (im Farbenfachhandel erhältlich) und verdünnen diesen mit 2 Liter Wasser in einem verschließbaren Gefäß oder Kübel. Die noch frischen, gereinigten und trockenen Zweige werden 2-3-mal in diese Flüssigkeit getaucht und die überflüssige Farbe abgeschüttelt. Zum Trocknen hängt man die Pflanzenteile mit Wäscheklammern an den Stämmen auf eine Leine. Vorsicht, die einzelnen noch feuchten Stauden dürfen während des Trockenvorgangs (je nach Temperatur 2-3 Stunden) nicht zusammenkleben. Die verdünnte Dispersionsmischung ist in ihrer Farbe milchig und weißlich, diese wird nach der Trocknung glasklar und man erhält matte, leicht glänzende Blätter.

Wir brauchen:
- 1 Liter Dispersionsbinder farblos (z.B. Durlin Bindern)
- 1-2 Liter Wasser
- Kübel oder Glas verschließbar

Kleine Zypressen stellt man aus abgefallenen Blüten des Essigbaums her. Man taucht sie in Leimwasser und bemalt sie nach dem Trocknen mit Umbra natur und olivgrüner Pulverfarbe.

Der Hirschhoadrich wird 2-3-mal in Leimwasser getaucht und zum Trocknen aufgehängt. Dadurch erreicht man eine bis zu 4-mal längere Haltbarkeit.

Mit abgeschnittenen Weinreben und präpariertem Hirschhoadrich werden alte Olivenbäume nachgebaut.

Konservierung mit Formalin und Glyzerin

Eine Pflanzenpräparierung, die bis zu 10 Jahre hält, erreicht man durch 2 aufeinanderfolgende Bäder in Formalin und Glyzerin. Vorsicht, Formalindämpfe sind giftig! Vor Kindern und Haustieren schützen, nur in gut gelüfteten Räumen oder im Freien arbeiten und Handschuhe verwenden. Weil der Aufwand groß ist, sollte diese Art der Konservierung von mehreren Krippenbauern gemeinsam durchgeführt werden. So kann sparsamer gearbeitet und der Verbrauch an Formalin und Glyzerin erheblich vermindert werden.

Erstes Bad

In diesem Bad bleiben holzige Pflanzen, wie Hirschhoadrich, Erika, Zypressenzweige, eine Woche liegen, dann nimmt man sie heraus und lässt sie 2-3 Stunden trocknen.

Wir brauchen:
- 1 verschließbaren 10 Liter Eimer
- 4 Liter Wasser
- 1/2 Liter Formalin
- 1/2 Liter Glyzerin

Zweites Bad

Nach dem Trocknen legt man die Pflanzen für weitere 3 Wochen in das zweite Bad. Danach werden sie herausgenommen, mit Wasser gut durchgespült und getrocknet.

Wir brauchen:
- 1 verschließbaren 10 Liter Eimer
- 4 Liter Wasser
- 1 Liter Glyzerin

Den Pflanzen ist durch das erste Bad der Saft entzogen worden und im zweiten Bad ist ihnen Glyzerin zugeführt worden. Dadurch haben die Blätter eine gummiartige Konsistenz und eine braune Farbe bekommen. Damit sie wieder olivgrün werden, legen wir sie auf eine Holz- oder Glasplatte und betupfen sie mit einem Farbpinsel. Dafür verwenden wir Acryl- oder Ölfarben in den Farbtönen Chromoxydgrün, Permanentgrün dunkel, Cadmiumgelb und Permanentrot hell. Die Blätter werden zuerst mit den Grüntönen unregelmäßig betupft und in der Folge mit den Rot- und Gelbtönen sehr sparsam kaschiert.

Diese Präparierung und Konservierung sollte spätestens 2-3 Stunden, nachdem die Pflanzen gesammelt wurden, durchgeführt und Formalin und Glyzerin unbedingt sinnvoll eingesetzt werden.

Bäume

Laubbaum

Aus unserem Vorrat suchen wir uns im Stammdurchmesser von 2-3 cm starke Wurzeln oder verkrüppelte, vom Wild abgefressene Zwergbuchen mit Astverzweigungen. Einige kleine Wurzelteile zum Verkleiden und richtigen Setzen des Baumstamms werden auch noch gebraucht.

Auf der vorgesehenen Stelle der Bodenplatte und in den abgesägten Stamm bohren wir für einen 6 mm Holzdübel ein Loch und leimen einen solchen Dübel zunächst in den Stamm. Danach wird der Stamm auf die Platte geklebt. Eventuell kann er auch mit einem schräg angesetzten Nagel befestigt werden.

Kleine, zugeschnittene Wurzelstücke klebt man mit Leim vom Boden zum Stumpfen und die Verbindungsstellen zwischen Wurzel und Stamm werden mit Stopfmaterial und Mörtelmasse zugestrichen.

Für das Laubwerk verwenden wir Zweige des Hirschhoadrichs, die mit kleinen Blättern bewachsen sind, und kleben sie flach auf die abstehenden Äste des Krippenbaums oder man bohrt 3-4 mm große Löcher in den Stamm und leimt die Zweige hinein. Wichtig ist, dass die Äste nicht in den Himmel schauen, sondern flach vom Stamm weg wachsen (der Baum darf nicht wie ein Besen ausschauen). Auf diese Art und Weise erhalten wir schöne, naturgetreue Laubbäume.

Olivenbaum

Der Olivenbaum ist ein typisches Hartlaubgewächs, das in allen Ländern rund ums Mittelmeer und in den arabischen Ländern gedeihen kann. Olivenbäume sind nicht winterhart, aber Hitze und Trockenheit vertragen sie gut. Ob ihr Ursprungsland der Mittelmeerraum ist, konnte nicht

Die Wurzel muss für die Herstellung des Stamms gerade abgeschnitten werden. Dann bohrt man in die Unterseite ein Loch und leimt einen Dübel hinein. Nach dem Trocknen kann der Stamm auf das Musterbrett gesteckt werden.

In den Stamm werden an den vorgesehenen Stellen 3-5 mm große Löcher gebohrt und die passend hergerichteten Äste oder Hirschhoadrichzweige hineingeleimt.

Je näher man dem Baumgipfel kommt, umso kleiner müssen die Äste sein. Die Ästchen und Zweige nie in einer Linie, sondern immer in verschiedener Höhe einsetzen.

nachgewiesen werden. Es gibt tausende verschiedene Sorten, denn jede Bodenbeschaffenheit, jede klimatische Variation hat im Laufe der Jahrhunderte dafür gesorgt, dass sich immer wieder neue Arten auf Dauer anpassen konnten, die sich manchmal nur über wenige Quadratkilometer erstrecken. Olivenbäume wachsen bis auf 500 m Höhe, können bis zu 10 m groß werden und ein Alter von 2000 Jahren und mehr erreichen.

Der Olivenbaum eignet sich für orientalische und Tempelkrippen, sollte auf keinem Hirtenfeld fehlen und kommt neben Torbögen, Brunnen, Wasserstellen, Stadträndern und Schluchten gut zur Geltung.

Die Herstellung eines Olivenbaums ist fast die gleiche wie die eines Laubbaums, nur sollten für den Stamm abgestorbene, von Moos bewachsene Ästchen von Wacholderbeeren oder knorpelige

Die Herstellung von Laub- und Olivenbäumen ist prinzipiell gleich, nur dass ein Laubbaum dichter bewachsen und etwas größer sein kann als ein Olivenbaum.

Wurzeln von umgefallenen Bäumen – die nach größeren Föhnstürmen im Wald zu finden sind – verwendet werden.
Für größere Olivenbäume bei Tempeln kann man abgesägte Weinreben benutzen. Wenn man nicht die Möglichkeit hat, sie von einem Weinbauern zu bekommen, erhält man sie in Blumengeschäften. Für das Laubwerk verwenden wir wieder Hirschhoadrich.

Schilfartige Gräser neben einem Bachlauf wirken sehr natürlich.

In einen abgestorbenen Fichtenast werden Löcher eingebohrt und kleine Zweige einer Zwergthuja hineingeleimt.

Mit einer farblich passenden Holzbeize müssen die Bohrstellen retuschiert werden.

Einige Fichtenbäume im hinteren Teil der Krippe können den Übergang zum Hintergrund kaschieren und verschönern.

Zypresse

Die Zypresse stammt aus dem Mittelmeerraum, wird bis zu 20 m hoch und ihr Stamm erreicht einen Durchmesser von etwa 0,9 m. Zypressen lassen sich leicht bearbeiten und eignen sich gut zum Drechseln, nur die vielen Äste bereiten manchmal Schwierigkeiten.

Die Zypresse ist das auffällige Wahrzeichen vieler mediterraner Kulturlandschaften, krönt vor allem die sanften Hügel der Toskana und überragt die vor Korfu liegende, winzige „Mäuseinsel". In den Ländern um das Mittelmeer stehen sie oft zu Dutzenden wie Säulen um Friedhöfe. Ihre Form kann mit einem zusammengeklappten Regenschirm verglichen werden.

In orientalischen und Tempelkrippen sollte man auf Zypressen, die nie einzeln, sondern in Gruppen stehen, nicht verzichten.

Zur Herstellung brauchen wir:

- runde Holzstäbe, ca. 5-7 mm Durchmesser, Länge je nach Größe der Krippe
- Zweige der Zwergthuja (nicht Heckenthuja)
- Kontaktkleber (ich verwende am liebsten Pattex)
- Blumendraht
- Pinsel
- ein Paar alte Handschuhe

Auf die Rundstäbe wird mit dem Pinsel Kleber aufgetragen. Dann bindet man um sie mehrere Thujazweige, je nach gewünschter Größe, mit Blumendraht herum. Zwischen und auf die Zweige wird nochmal Kleber gestrichen und mit der behandschuhten Hand formt man eine wunderbare Zypresse. Nach einer Trocknungszeit von ca. 24 Stunden können mit Ölfarbe noch die gewünschten Farbkorrekturen durchgeführt werden. Eine solche Zypresse wirkt naturecht und passt optisch hervorragend in jede orientalische, Tempel- oder Fastenkrippe! Anschließend bohrt man auf dem Krippengrund am gewünschten oder vorgesehenen Platz ein ca. 5-7 mm großes Loch und setzt die Zypresse mit dem Stamm, den man unten herausstehen lässt, ein.

Die Thujazweige müssen nicht unbedingt präpariert werden, sie halten auch so einige Jahre.

Zypresse aus Thujazweigen auf der Krippe, die in mehrfacher Ausführung auch auf den Hintergrund gemalt werden sollte.

Eine andere Variante der Herstellung ist, für den Stamm der Zypresse ein dünnes Holzstück zu verwenden, das man nach oben (ca. die Hälfte der fertigen Zypresse) zuspitzt. Danach befestigt man darauf mit Bindedraht oder Seidenfaden, von oben beginnend, kleine Zweige von Koniferen oder Zierwacholder, Schmelchgräser, Rispen oder Baumbart. Anschließend taucht man das ganze in Leimwasser ein, drückt die Zweige oder den Baumbart fest an und hängt die Zypresse verkehrt zum Trocknen auf. Dieser Vorgang wird 1-2-mal wiederholt. Nach dem Trocknen färbt man mit grüner, angemachter Pulverfarbe oder Ölfarbe die Zypressen ein.

1 Zypresse aus getrockneten Blüten des Essigbaumes, in Leimwasser getränkt und mit Pulverfarben bemalt.
2 Mit aufgeklebtem Hirschhoadrich auf Mauern und Felsen erreicht man efeuähnliche Gewächse.

Efeu

Efeu ist ein Kletterstrauch, der mit seinen Haftwurzeln eine Höhe von bis zu 20 m erklimmen kann. Er windet sich oft an Bäumen, Felsen und Hausmauern empor. Efeublätter sind immergrün, je nach Sorte heller oder dunkler und unterschiedlich gemustert.

Man findet Efeugewächse fast in jeder Krippe und verwendet dafür Hirschhoadrich! Weil seine langgewachsenen Zweige mit den kleinen Blättern sich sehr gut eignen, um sie über Hausmauern und Felsgrotten anzubringen. Dabei ist jeder Krippenbauer aufgefordert, seine botanischen Kenntnisse zu demonstrieren.

Kakteen

Kakteen verwendet man nur in orientalischen und Tempelkrippen. Sie aus künstlichen Materialien herzustellen, sollte gut überlegt sein, denn am natürlichsten sieht auch in einer Krippe nur ein echter Kaktus aus. Es ist möglich ihn so einzubauen, dass er nach der Weihnachtszeit wieder seinen gewohnten Platz im Topf einnehmen kann. Eine große Auswahl findet man im guten Blumenfachhandel. Man sollte nur darauf achten, die Proportionen einzuhalten und bei der Zusammenstellung von verschiedenen Sorten nicht zu übertreiben. Durch das Bohren von Löchern, mit einem Durchmesser von ca. 3 cm, in den aufgedoppelten Boden können kleine Töpfchen eingesetzt werden. Wenn Kakteen zu groß geworden sind und ihre Triebe reduziert werden müssen, können diese auf eingeschlagene Nägel am Krippenboden gesteckt werden und so die Botanik einer orientalischen Krippe bereichern.

Auf einfachste Weise kann man Kakteen in eine Krippe einbauen und für den Rest des Jahres in Töpfen lassen: Man bohrt je nach Topfdurchmesser 3-4 cm große Löcher in den Krippenboden und stellt die Töpfchen hinein. Mit Streumaterial, Moos und kleinen Steinen verdeckt man den Rand.

Auch blühende Erika eignet sich hervorragend für die Krippenbotanik und sollte nicht fehlen.

Durch Kakteen, Irisches Moos, verschiedene Moosflechten und Gräser erhält eine Krippe den natürlichen Charakter einer orientalischen Landschaft.

Palmen

Bevor man beginnt eine Palme zu basteln, sollte man sich das nötige Material besorgen. Für die Palmenblätter brauchen wir pro Palme zwei Bögen olivgrünes Tonpapier, 1 mm starken geglühten Draht und Kontaktkleber. Sie sollten nur Kontaktkleber verwenden, da dieser auch nach dem Trocknen elastisch bleibt. Mit Kaltleim bestrichene Stellen werden mit der Zeit brüchig und die Blätter reißen. Für die Herstellung der Palmblätter benötigen wir außerdem ein Holzbrett, das mindestens 2 cm größer ist als das Tonpapier. Darauf werden an der Längsseite, zum Spannen des Drahtes, in einem Abstand von 5, 6 und 7 cm Nägel eingeschlagen. Die verschiedenen Abstände benötigt man, um beim Herausschneiden der Blattstreifen Material zu sparen. Der Stamm einer Palme sollte 3-4-mal so lang sein, wie die Figuren groß sind.

Für die Herstellung mit Föhrenästen brauchen wir Jahrestriebe einer Föhre mit ca. 2 cm Durchmesser und einer Mindestlänge von 30-40 cm.

Für die Herstellung mit Fichten- oder Tannenzapfen suchen wir uns im Wald frische, von Eichhörnchen abgenagte Zapfen, je Palme 6-8 Stück, mit einem Durchmesser von ca. 15-20 mm. Der Durchmesser einer Palme sollte sich vom Boden bis zur Blattkrone verringern.

Für die Herstellung mit einem Haselnussstock suchen wir uns einen leicht gebogenen Haselnussast mit ca. 15 mm Durchmesser, umwickeln ihn mit einem Spagat, der mit Leim bestrichen und anschließend in Sägespänen gewälzt wird. Nach dem Trocknen wird der Stamm mit Nussbeize bestrichen.

1 Die ganze Fläche des Tonpapiers wird mit Kontaktkleber bestrichen und anschließend auf das vorbereitete Brett, mit Nägeln auf der Längsseite, gelegt.
2 Darüber spannt man den 1 mm dicken, geglühten Bindedraht. Nach dem Ablüften wird das zweite, mit Kontaktkleber bestrichene Blatt darübergelegt.
3 Mit einem stumpfen Gegenstand werden die Blattrippen herausgearbeitet.
4 Nach dem Trocknen wird der Bogen zwischen den Drahtrippen in Streifen geschnitten, wobei die Blattrippen in der Mitte liegen.

5 Je nach Palmblattlänge schneidet man das Papier mit der Schere und den Draht mit einem Seitenschneider ab.

6 Für eine Palme sollten die Blätter in vier unterschiedliche Längen geschnitten werden. Um die Länge der Blätter zu ermitteln, benötigen wir den Krippenmeter; die längsten sollten mindestens die 1 1/2-fache Figurenlänge haben.

7 Die in Form eines Palmenblatts geschnittenen Blätter müssen rechts und links mit einer Schere fein eingeschnitten werden.

8 Danach bemalt man die Rippen der Blätter mit Ockerfarbe.

9 Bei einer großen Menge an Föhrenästen ist bestimmt der passende Stamm dabei.

10 Der Ast oder Stamm wird mit einer Handsäge oder Bandsäge gerade abgeschnitten.

11 In die Unterseite wird ein 6 mm großes Loch gebohrt und ein Holzdübel hineingeleimt.

12 Die 3 unterschiedlichen Stämme für Palmen von links nach rechts: ein mit einem Spagat umwickelter Haselnussstock, ein Stamm aus einem Föhrenast und ein aus abgenagten Fichtenzapfen zusammengesetzter Stamm. Beim Setzen des Stamms gibt ein eingesetzter Nagel oder eingeleimter Dübel Halt.

13 Der Stamm einer Palme muss sich nach oben verjüngen, deshalb beginnen wir bei einem aus Fichtenzapfen zusammengesetzten Stamm mit dem stärksten Zapfen zuunterst.

14 Die Enden werden beide glatt abgeschnitten und mit einem 2 mm großen Loch versehen. Anschließend wird ein Nagel hineingeleimt und der nächste Zapfen aufgesetzt; auch dazwischen wird verleimt.

15 Danach beginnen wir mit Erlennüssen und den Herzblättern sowie einem 0,8 mm dicken Blumendraht die Palmenkrone aufzubinden.

16 Blatt für Blatt wird von innen nach außen (bis zu den größten Blättern) aufgewickelt und die Palmenkrone mit Leim und Bindedraht fertiggestellt.

17 Damit der Bindedraht und die Blattstiele nicht sichtbar bleiben, umleimen wir sie mit Kokosfasern.

18 Wenn man sich dafür entscheidet Palmen aufzustellen, sollte Platz für mindestens 3 Palmen vorhanden sein, denn eine einzelne Palme kommt nicht richtig zur Geltung.

◆ Beleuchtung

Licht und Schatten in der richtigen Dosis schaffen die perfekte Stimmung für die biblischen Szenen, die in der Krippe dargestellt werden.

Wie Sie die besten Effekte erzielen können und welches Material Sie dafür benötigen, kommt in diesem Kapitel ausführlich zur Sprache. Dazu erhalten Sie wichtige Tipps zur technischen Umsetzung und Sicherheit beim Einbau der Beleuchtung.

Gestaltungsmöglichkeiten mit Licht

Die Beleuchtung einer Krippe hat die Krippenbauer schon immer beschäftigt und gefordert. Unsere Vorfahren hatten noch nicht dieselben Möglichkeiten, ihre schönen, künstlerisch gestalteten Krippen zu beleuchten, wie wir heute in unserer technisch hochentwickelten Zeit. Sie mussten sich mit dem Tageslicht durchs Stubenfenster und am Abend mit einigen Kerzen hinterm Krippenzaun zufriedengeben. Heutzutage stehen uns zum Glück viele Möglichkeiten zur Verfügung und bei manchen Installationen sollte man sich zuerst von einem Elektrofachmann beraten lassen. Dieser Aufwand lohnt sich, denn meiner langjährigen Erfahrungen nach lassen sich gewisse Stimmungen und Eindrücke in einer Krippe nur mit Licht, direkter und indirekter Beleuchtung, erzielen.

Grundsätzlich spielen, wie wir schon des Öfteren feststellen konnten, auch bei der Krippenbeleuchtung der Standort, die Krippengröße und die Bauart eine wesentliche Rolle. Wichtig für den Gesamteindruck einer Krippe sind bestimmte Lichtquellen wie Strahler, Neonröhren und Scheinwerfer, die wir auch von der Raumbeleuchtung kennen. Ungünstiges Tageslicht, das Zwielicht von Fenstern oder Terrassentüren, sollte wenn möglich durch Abschirmung oder Verdunkelung des Lichteinfalles vermieden werden. Man hat nicht immer den besten Platz im Wohnraum zur Verfügung, doch durch eine richtig gewählte Beleuchtung kann dieses Manko ausgeglichen werden und die Krippe dennoch „ins richtige Licht" gerückt werden!

Als Stromquelle kommt für mich nur ein Transformator in Frage, da die Versorgung mit Batterien sehr teuer ist und diese immer gerade dann, wenn Krippenschauer zu Besuch sind und die Krippe im schönsten Glanz erstrahlen sollte, leer sind. Der Arbeits- und Installationsaufwand beider Varianten der Stromversorgungen, ob mit Batterie oder Transformator, bleibt derselbe.

Über die im Elektrofachhandel erhältlichen Materialien für den Krippenbau könnte man ein eigenes Buch schreiben. Die Auswahl ist zwar preiswert und riesig – seien es billige Stecktrafos, Flackerlichter, Leuchtdioden, Leuchtstoffröhren, Halogenstrahler oder sonstige elektronische Teile –, alle derartigen Geräte sollten für unseren Gebrauch aber nur von einem Elektrofachmann montiert und eingebaut werden.

Aufgrund der bestehenden Brandgefahr müssen für alle elektronischen Experimente unbedingt versierte Fachleute eingesetzt werden!

Im Krippenfachgeschäft bekommt man schon fertig zusammengestellte Beleuchtungssets mit Trafo, Fassungen und Lampen angeboten, die sich für Kleinkrippen bestens eignen. Diese sind aufeinander abgestimmt, nicht allzu teuer und lassen sich leicht einbauen.

Material für einfache Beleuchtung

Schraubfassungen werden mit dem Buchstaben E, Gewindegrößen zusätzlich noch mit einer Zahl, E 5 oder E 10, bezeichnet.

- Lötfassungen E 10 (mit Lötfahnen)
- Brückenfassungen E 10 (mit Schraubanschluss)
- Kugellampen E 10 (Stromstärke und Spannung sind am Gewinderand eingestanzt)
- Linsenlampen E 10 (Stromstärke und -spannung sind am Gewinderand eingestanzt. Im Elektrofachhandel werden diese Kleinlampen meist unter der Bezeichnung Zwerglampen, Minilampen bzw. Lämpchen geführt!)
- einige Meter Elektrodraht, 1^2 oder $1,5^2$, wenn erhältlich eine Zwillingsleitung YF $1,5^2$
- Befestigungsmaterial, kleine Schrauben, Nägel, Heißkleber und Leim

Einbau der Krippenbeleuchtung bei einer kleinen Krippe

Hier ein Beleuchtungsvorschlag für eine kleine Krippe, wie sie in Kursen sehr oft gebaut wird. Wir benötigen einen Transformator (1 Voltampere), 3-4 Kleinfassungen E 10 (oder Brückenfassungen), gleich viele Kleinlampen mit Gewinde für Fassungen E 10 und einige Meter Draht.

Wann der Einbau oder die Installation stattfinden sollte, muss der Krippenbauer selbst bestimmen, auf jeden Fall bei sichtbaren Stellen noch vor dem Verputzen. Der Idealfall wäre, den Einbau nach dem

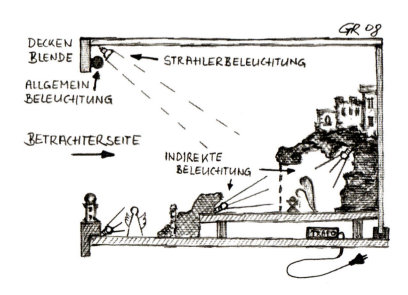

Fassen, noch bevor mit der Botanik begonnen wird, durchzuführen. Denn man kann sich sicher sein, dass Lampen, die in fertige Krippen eingebaut werden, auch beim Auswechseln leicht wieder erreicht werden. An den Anschlussfahnen der Fassungen wird je ein Draht angelötet. Die Fassungen, die Leitungen und der Transformator müssen möglichst unsichtbar an der Hinterseite der Krippe geführt und angebracht werden.

Tipps

- Fassungen immer so montieren, dass die Finger genügend Platz zum Drehen beim Austauschen der Lämpchen haben.
- Die brennenden Lämpchen sollen vom Standort des Betrachters nicht zu sehen sein.
- Keine Festbeleuchtung, sondern nur so viele Lichter montieren, wie unbedingt notwendig sind. Vorsicht bei blinkenden und farbigen Lichtern, damit keine Stimmung wie in Diskotheken aufkommt.

Wichtige Informationen für den Krippenbauer

- Es ist darauf zu achten, dass bei zu vielen Lampen die Leistung des Transformators nicht überfordert wird. **Brandgefahr!**
- Die angegebene Spannung muss mit den Anschlüssen am Transformator übereinstimmen.
- Bekommt eine Lampe statt 4 Volt Spannung 4,5 Volt oder mehr, leuchtet sie zwar heller, brennt aber in kurzer Zeit durch.
- Bekommt eine Lampe statt 4 Volt die Hälfte der Spannung, also 2 Volt, brennt sie nicht, wie man annehmen möchte, 1/2 so hell, sondern hat nur mehr 1/4 ihrer Leistung.
- Also keine Experimente wagen, lieber einen Elektriker beiziehen!

Vorsicht, so mancher Brand ist durch Fahrlässigkeit von einem Krippentransformator ausgegangen!

Beispiel

Bei einer Leistung des Transformators von 1 Voltampere (VA) führt eine Überlastung zum Durchbrennen:

- 3 Lampen 4 Volt, 0,3 Ampere, ergeben 0,9 Ampere und sind somit in Ordnung.
- 4 Lampen 4 Volt, 0,3 Ampere, ergeben 1,2 Ampere und eine Überlastung von 20 %.

Einbau der Krippenbeleuchtung bei einer größeren Krippe

Für eine größere Krippe brauchen wir mehrere Lichtquellen: eine allgemeine Beleuchtung für den gesamten Krippenberg, einige Punktbeleuchtungen für die Familie, für den Verkündigungsengel, vielleicht für die Gloriole und weitere Geschehen, die durch eine gezielte Beleuchtung hervorgehoben werden sollten. Dazu kommt noch die indirekte Beleuchtung in den Gebäuden und in der Grotte. Für den Betrachter können gut abgestimmte Lichtquellen die Krippe in die richtige Stimmung bringen.

Elektrowerkzeuge und elektronisches Material.

◆ Sorgfältiges Arbeiten an der Beleuchtung erhöht die Sicherheit!

Löt- und Brückenfassungen E 10, dazu die passenden Kugel- und Linsenlampen. Zum Anlöten der Kabel empfiehlt sich, in ein kleines Stück Weichfaserplatte ein Loch in Stärke der Fassung zu bohren und die Fassung verkehrt hineinzustecken. Danach kann das Kabel problemlos angelötet werden.

Bevor das Kabel mit der Fassung installiert wird, sollte es mit dem Trafo sowie mit der Lampe auf seine Funktion hin getestet werden.

Kabel und Fassungen sollten immer von der Rückseite einer Krippe aus installiert oder gut von der Botanik verdeckt werden.

Es eignen sich auch kleine Scheinwerfer, die im Fachhandel erhältlich sind, um verdeckt hinter Steinen und Säulen montiert zu werden.

Zur allgemeinen Beleuchtung können bei Kastenkrippen eine Neonröhre oder mehrere Strahler, die indirekt hinter der Blende, von der Seite des Betrachters aus, montiert werden. Ein Dimmer kann zur Regelung der Lichtmenge von großem Vorteil sein.

Die Lichtfarbe ist für den Gesamteindruck einer Krippe sehr wichtig. Man unterscheidet zwei Gruppen von Lichtfarben: die Warmlicht- und die Kaltlichtquelle. Kaltlicht wirkt durch bläuliche Lichtanteile sehr kühl und wird bei Schneekrippen und tiefen Höhlen verwendet. Warmlicht erzeugen Warmtonlampen mit hohem Gelb- und Rotanteil oder in Orange. Es verbreitet ein angenehmes, erwärmendes Gefühl und wird zur Beleuchtung von orientalischen Krippen, Tempeln und vor allem Grotten verwendet.

Durch das Bestrahlen oder das Ausleuchten der Krippenteile mit unterschiedlichen Lichtquellen verändert sich die Stimmung einer Krippe.

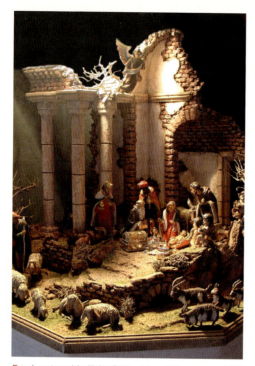 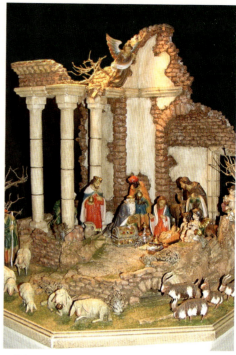

Durch unterschiedliche Beleuchtung können verschiedenste Stimmungen erreicht werden.

Für die Scheinwerfer- und Strahlerbeleuchtung verwendet man Niederstromstrahler mit 12 Volt in den Stärken 20 und 35 Watt, die durch einen entsprechenden Trafo mit Strom versorgt werden. Die Lichtstärke wird mittels Dimmer am Trafo an der 220 Volt Seite reguliert; auch in diesem Fall keinerlei Experimente wagen und lieber einen Fachmann beiziehen. Die Betriebsspannung ist in Volt, die Leistung in Watt und der Winkel in Grad am Lampensockel angegeben. Je kleiner der Strahlungswinkel, umso kleiner ist auch der Lichtstrahl. Der Winkel ist bei der Krippenbeleuchtung von großer Bedeutung, da er für eine Punktlichtbeleuchtung bei Verkündigungsengeln, der Gloriole und vor allem bei der Bestrahlung der Heiligen Familie in der Grotte zum Einsatz kommt.

Bei größeren Krippen sollte Zwielicht und Tageslicht vermieden werden, um den Gesamteindruck nicht zu beeinflussen und die Krippenbeleuchtung zu verfälschen.

Fackeln können eine überdachte Brücke, Tempel, Höhlen und Grotten beleuchten. Ihre Herstellung ist ganz einfach: Man bohrt in ein kleines Holzstück ein 1 mm großes Loch, spitzt dieses trichterförmig zu und zieht eine Punktlampe, die im Modellbaufachhandel erhältlich ist, durch. Die Fackel wird dann nur noch an der gewünschten Stelle platziert, befestigt und von hinten an den Trafo angeschlossen.

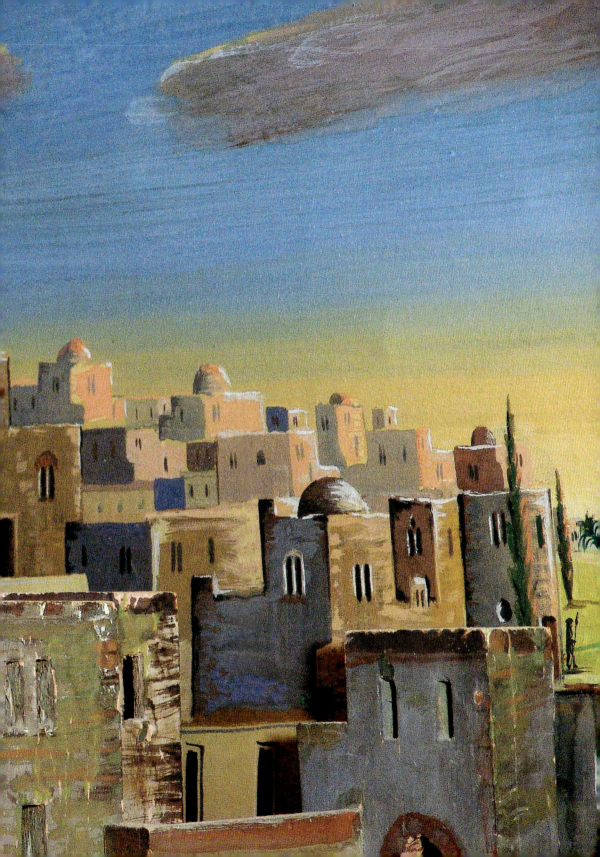

◆ Hintergrund

Der Hintergrund einer Krippe ist ein Kunstwerk für sich. Auf Holz oder Leinwand erschaffen Hintergrundmaler variantenreiche Landschaften, vor deren Kulisse sich die Szenerie einer Krippe ausbreiten kann.

Das reizvolle Spiel mit den Übergängen und der Tiefenwirkung fesselt garantiert den Blick eines jeden Betrachters und macht den Reiz eines künstlerischen Krippenhintergrundes aus.

Eine Kunst für sich

Es gibt auf dem Gebiet des Hintergrundmalens eine Vielzahl von Experten, die sich auf orientalische oder heimatliche Hintergründe spezialisiert haben. Daher wird vom Hintergrundmaler ein gewisses künstlerisches Talent vorausgesetzt. Es ist sehr schwierig, einen guten Hintergrund auf eine Holzplatte oder Leinenwand zu bringen. Die Wahl der Farben, der Farbmischung, des Untergrundes und der verschiedensten Mischungen der Produkte würde ein eigenes Buch füllen. Auf der Suche nach Hintergrundmalern und Hintergrundmalkursen können Ihnen die örtlichen Krippenvereine behilflich sein (siehe ab S. 245).

Bei alten Krippen war, sofern sie eine gewisse Größe hatten, immer ein Hintergrund vorhanden. Meistens umgab dieser drei Seiten eines Berges oder zwei Seiten einer Eckkrippe. Der Großteil der Hintergründe war von Hintergrundmalern gestaltet, ein Berufsstand, den es heute nicht mehr gibt. Heutzutage werden viele Hintergründe von Kunstmalern gefertigt, doch es muss gesagt werden, dass nicht jeder Kunstmaler notgedrungen ein guter Hintergrundmaler ist.

Sollte ein Hintergrund gewünscht sein, ist es von Vorteil, sich schon vor Baubeginn der Krippe mit einem Hin-

Die Stimmung eines vorhandenen Hintergrundes muss der Krippenbauer für seinen zu bauenden Krippenberg übernehmen.

tergrundmaler in Verbindung zu setzen oder sich bei einem Krippenbaumeister über bestimmte Voraussetzungen zu informieren. Die Farbe für den Übergang vom Krippenberg zum Hintergrund muss auf jeden Fall so gewählt sein, dass eine optimale und logische Tiefenwirkung entsteht. Dabei darf die Malerei eines Hintergrundes auf keinen Fall vordergründig und aufdringlich wirken, sonst entsteht der Eindruck, dass die Krippe vom Hintergrund erdrückt wird. Den Übergang eines Stadtteiles in den Hintergrund zu gestalten, erfordert viel Fingerspitzengefühl und Sinn für Proportion und Perspektive.

Leider werden heute nur mehr wenige Krippen mit einem Hintergrund gebaut, weil man den Berg offen von allen Seiten anschauen möchte. Vor allem bei kleineren Krippen, die vermehrt gebaut werden, will man die Krippe mit einem Hintergrund nicht in eine sogenannte „Schuhschachtel" hineinquetschen.

Der Übergang von Gebäuden in einen auf den Hintergrund gemalten Stadtteil sollte nahtlos und ohne erkennbare Linie ineinander übergehen.

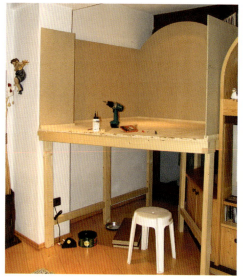

Ein stabiler Aufbau ist die Grundvoraussetzung für einen Hintergrund und sollte nach Möglichkeit schon bevor die Krippe gebaut wird am vorgesehenen Standplatz aufgestellt und eingebaut worden sein.

Die vorgefräste Nut muss gleich stark sein wie die einzusetzende Hintergrundwand, um ein Kippen des Hintergrundes zu vermeiden.

Grotten stehen frei im Gelände und gehen nahtlos in einen Hintergrund über.

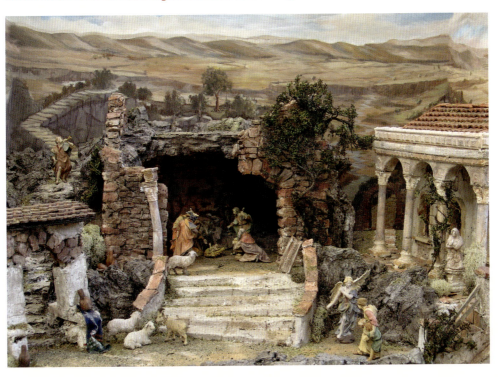

◆ Schritt für Schritt zur eigenen Krippe

Ein Überblick

Ort des Aufstellens

Der Aufstellungsort einer Krippe ist sehr wichtig. Egal ob sie in einer Kirche, einem Kloster, in öffentlichen Räumlichkeiten (Kindergarten, Schule, Seniorenheim, Gemeindeamt), auf öffentlichen Plätzen (als Dorfkrippe) oder, wie zum größten Teil, zu Hause steht, sie sollte stets einen Ehrenplatz einnehmen.

Ausmaß einer Krippe

Für eine normale, quadratische, rechteckige oder dreieckige Krippe braucht man nur die Breite, Tiefe und Höhe abzumessen. Bei Krippen, die in Fensternischen, Erkern oder verwinkelten Ecken aufgestellt werden sollen, empfiehlt sich das Anfertigen einer Schablone. Auch der Platz für einen Hintergrund, wenn gewünscht, muss mit eingerechnet werden: bei einer Holzplatte 3-4 cm, bei einem Leinenhintergrund 5-7 cm.

Wenn eine Krippe als Geschenk oder Überraschung gebaut wird, wählt man lieber eine kleinere Größe, außer man weiß über den zukünftigen Aufstellungsort genau Bescheid.

Figuren und Krippenmaßstab

Vor dem Baubeginn ist es wichtig zu wissen, ob Figuren schon vorhanden sind. Wenn ja, dann muss sich der Krippenbauer nach diesen richten und an ihrer Art, Größe und Anzahl orientieren.

Dabei ist das Krippenmaß oder der Krippenmeter, mit dem man sich rechtzeitig beschäftigen sollte, eine große Hilfe (siehe S. 94-95).

Wie hoch sollte eine Krippe stehen?

Sofern nicht schon eine Truhe, ein Kästchen, ein Tisch oder ein anderer bestimmter Platz mit vorgegebener Höhe feststeht, sollte eine Krippe nach meiner langjährigen Erfahrung im Idealfall zwischen 1 und 1,1 m hoch stehen. Keinesfalls darf sie in einer Höhe stehen, in der sie für Kinder zum Spielplatz und für Haustiere zur Schlafstelle wird.

An dieser Stelle möchte ich noch erwähnen, dass es sich lohnt, Kindern frühzeitig beizubringen, dass eine Krippe etwas Besonderes und Einzigartiges ist und nur für kurze Zeit in der Wohnung Platz findet. Wenn Kinder beim Aufstellen einer Krippe mit einbezogen werden, kann man ihnen die Bedeutung der Figuren und der für sie bestimmten Plätze vermitteln. Man kann es auch zur Aufgabe des Kindes machen, die wichtigste Figur, das Jesuskind, in die Krippe zu legen. Auf diese Weise entwickelt sich bei Kindern bereits frühzeitig Verständnis und vielleicht sogar Liebe für die Krippe.

Materialwahl

Eine ausführliche Beschreibung finden Sie auf S. 75.

Beleuchtung

Genaue Angaben dazu stehen auf S. 177.

Hintergrund

Genaue Angaben dazu finden Sie auf S. 187.

◆ In 46 Schritten zur eigenen heimatlichen Krippe

Skizze für die heimatliche Krippe. Unten: Mit roter Fläche markiert der Teil des Hintergrundes.

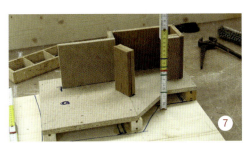 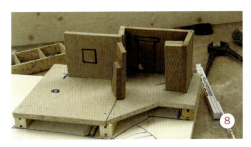

1	Wir bauen eine quadratische kleine heimatliche Krippe, für die man in jeder Wohnung Platz findet. Auf dem Bild ist das Aufzeichnen der Unterhölzer für den Boden der zweiten Ebene zu sehen. Die Leisten werden geleimt und genagelt.
2	Nach dem Befestigen der Leisten wird aus 10 mm dicken Sperrholzplatten der Boden der zweiten Ebene zugeschnitten, aufgeleimt und genagelt.
3 u. 4	Vor Baubeginn müssen die Leisten für die Pfetten und Rofen hergerichtet werden: Dafür werden die Kanten der Leisten mit einem Kerbschnitzmesser gebrochen und anschließend mit einer Drahtbürste so lange bearbeitet, bis die Holzfasern richtig herauskommen.
5 u. 6	Zum Schneiden der Leisten eignen sich eine kleine Laub- oder Handsäge sowie eine Rohrschere, auf der die wichtigsten Gehrungswinkel markiert sind.
7 u. 8	Zuerst werden die Mauerteile aus Weichfaserplatten zugeschnitten und die Türen und Fenster eingezeichnet. Dabei kann der Krippenmessstab zu Hilfe genommen werden.

9 u. 10   Türen werden mit einer Bandsäge ausgeschnitten, Fenster lassen sich mit einem gut geschliffenen Kerbschnitzmesser ausstechen. Anschließend setzt man kleine Holzbrettchen als Tür- und Fensterstöcke ein und lässt diese ca. 2-3 mm (für die Putzmörtelstärke) herausstehen.

11 u. 12   Auf die Rückseite der Fenster wird Transparentfolie geklebt und mit Leim beschmiert. Dadurch hält die feine Zigarettenasche, die darauf gestreut wird. Nach dem Trocknen gleicht das Fenster von außen einer verschmutzten Fensterscheibe.

13   Auf die vorgesehenen und eingezeichneten Mauerteile werden Ziegel, die aus Lärchenrinde zugeschnitten wurden, aufgeleimt.

14   Zunächst werden die Mauerteile auf die fertig verputzte Bodenplatte der zweiten Ebene geleimt. Dann schneidet man eine Leiste in der Stärke von 10 x 10 mm zu, die als Mauerbank dient und an die Mauerteile angepasst wird. Danach wird diese Leiste als Abschluss oben auf die Mauer geleimt.

15   Nachdem die Holzträger für den Tennenboden fertiggestellt sind, können die äußeren beiden Pfetten gesetzt und der Bretterboden mit kleinen gebürsteten Brettchen verlegt werden. Als frei stehender Holzträger, der den Tennenboden stützt, wurde ein knochiger Fichtenast verwendet.

16   Mit dem selbst angefertigten Giebelmaß wird die Dachneigung bestimmt und werden die Steher der Giebelpfette herausgemessen.

 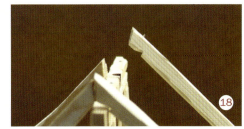

17	Die Holzleisten der Pfetten haben eine Stärke von 12 x 12 mm, die der Rofen 10 x 10 mm. Das Vordach steht ca. 4-5 cm über die Hauswand hinaus. Bei der nicht sichtbaren Rückseite sollte darauf geachtet werden, dass das Dach nicht über die Krippenplatte hinausragt, damit ein eventuell gewünschter Hintergrund noch leicht Platz findet.
18	Bevor der Rofen auf der Pfette befestigt wird (genagelt und geleimt), muss diese eingekerbt und angepasst werden.
19 u. 20	Es muss schon im Vorfeld darauf geachtet werden, dass beim Dachstuhl die Balken, Bretter und Latten nicht gerade geschnitten sind, damit die heimatliche Krippe einen rustikalen, urigen Charakter bekommt. Auf der Rückseite des Tennens wird mit kleinen Brettchen eine Holzwand aufgeklebt und mit Handzwingen oder Wäscheklammern befestigt.
21 u. 22	Die Abstände der Dachlatten werden ausgemessen und nach der Länge der Dachschindeln aufgeteilt, aufgeklebt und mit Wäscheklammern und kleinen Zwingen befestigt.
23 u. 24	Bis die Dachlatten von selbst halten, können die Wege mit Weichfaserresten und das Gelände sowie die Felsen mit Lärchenrinde angelegt und aufgebaut werden.

25 u. 26 Die größeren Löcher und Abstände zwischen den Rinden werden mit Stopfmaterial aufgefüllt.

27 u. 28 Als Umrandung wird eine Zierleiste an den Ecken auf Gehrung geschnitten, aufgeleimt und genagelt; die Nagelköpfe sollten dafür abgezwickt und versenkt werden.

29 Der Boden wird mit Mörtel gespachtelt, die Stufen versieht man mit verdünnter Verstreichmasse und die Lärchenrindenteile werden 2-3-mal mit Leimwasser gestrichen.

30 u. 31 Nachdem die aufgeklebten Dachlatten auf den Rofen Halt gefunden haben, können alle Holzteile mit Wasserbeize gestrichen werden. Dabei sollte man darauf achten, dass die Oberseite der Dachlatten nicht gestrichen wird, da die Schindeln noch aufgeklebt werden müssen. Erst danach beginnt man damit, die Schindeln anzubringen.

32 u. 33 Jede neue Schindelreihe sollte etwa die Hälfte der verlegten Reihe überdecken. Wenn das Dach auf beiden Seiten gedeckt und die sogenannte Giebelreihe fertiggestellt ist, müssen noch die Giebellatten oder die Firsthaube und die Presslatten aufgeleimt werden.

34 u. 35 Nun kann die Krippe mit weißer Dispersionsfarbe grundiert werden. Vorsicht, bei der heimatlichen Krippe muss man darauf achten, dass auf die gebeizten Holzteile keine Farbe gestrichen wird.

36 u. 37 Jetzt kann das Schindeldach mit einem Gemisch aus Beize, Leimwasser und Umbra-natur-Pulverfarbe, gemahlenem Moos und feiner Asche bestrichen und bestreut werden. Nach dem Trocknen wird das Dach mit einem Pinsel wieder abgekehrt.

38 u. 39 Nun kann mit dem Fassen begonnen werden. Steine und Felsen werden grundiert (mit einer Mischung aus Umbra natur, Umbra gebrannt, Schwarz und Weiß) und nach dem Trocknen angefeuchtet und verwischt. Anschließend betupfen wir die Teile mit allen uns zur Verfügung stehenden Farben und wischen sie sofort wieder ab, bis der gewünschte Farbeindruck erreicht ist.

40 u. 41 Jetzt kann mit der Herstellung des Zauns begonnen werden. In diesem Fall bauen wir einen Stangenzaun, der nicht viel von der kleinen Krippenlandschaft verdeckt. Die frisch gebeizten Holzteile werden noch mit einer hellen Patina versehen.

42 u. 43 Bevor man die Krippe mit einem matten Klarlackspray konserviert, können nachträglich noch kleine Verbesserungsarbeiten vorgenommen werden.

44 u. 45 Nach dem Trocknen kann mit der Botanik, dem Setzen des Brunnens und der Bäume begonnen werden. Bei einer heimatlichen Krippe kann der grüne Farbton des zu streuenden Mooses etwas kräftiger ausfallen als bei orientalischen Krippen und der Sand zum Streuen einen gräulichen Farbton haben.

Für die fertige heimatliche Krippe kann man sich noch einen passenden Hintergrund malen lassen; ansonsten wartet sie nur noch auf ihre Figuren. Die Weihnachtszeit kann kommen!

◆ In 46 Schritten zur eigenen orientalischen Krippe

Skizze für die orientalische Krippe. Unten: Der rot markierte Teil kann als Hintergrund gemalt werden

1 Eckkrippe, Skizzen der Gebäude. Die Leisten für den erhöhten Boden der zweiten Ebene sind aufgeleimt und aufgenagelt.
2 Die aus Weichfaserplatten zugeschnittenen Hausteile werden zusammengestellt.
3 Fenster und Türen werden aufgezeichnet.
4 Mit der Dekupiersäge lassen sich die Fensteröffnungen herausschneiden.
5 Auf die Rückseite der Fenster werden das Gitter und links und rechts ca. 8 x 8 mm Leisten aufgeleimt. Danach klebt man auf die Holzleisten ein undurchsichtiges Transparentpapier.
6 Nach dem Zusammenleimen und Vernageln der Hausteile wird das Dach zugeschnitten und aufgeleimt.
7 Als Dach verwendet man eine Weichfaserplatte, die ca. 12-15 mm größer als das Gebäude sein sollte. Der überstehende Teil bildet das sogenannte Vordach.
8 Die Fenster- und Türeinfassungen werden angebracht.

9	Die Dachträgerhölzer werden zugeschnitten.
10	Die aus Zierleisten zugeschnittenen Dachkonsolen werden aufgeklebt.
11	Fertiggestellte Gebäudeteile, vor dem Auftragen des Putzmörtels.
12	Mit der Stuckaturspachtel wird feiner Putzmörtel aufgetragen.
13	Bevor das Haus gesetzt wird, sollten der Umriss aufgezeichnet und Nägel eingeschlagen werden.
14	Nach dem Abzwicken der Nagelköpfe und dem Auftragen des Leimes wird das Gebäude darauf gesetzt.
15 u. 16.	Auf den Eingangsbogen der Grotte können die zugeschnittenen Steine aufgeklebt werden.

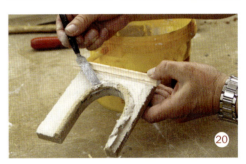

17 u. 18 Für die Steinblockwand im hinteren Grottenbereich müssen die Ziegel zugeschnitten und versetzt auf den vorgestrichenen Leim geklebt werden.
19 Jetzt kann in den hinteren Grottenteil die Steinmauer mit Gesimsleiste gesetzt werden.
20 u. 21 Der Türbogen mit Gesimsen wird verputzt und anschließend an der vorgesehenen Stelle platziert.
22 Der fertiggestellte Torbogen der Grotte muss zum Schluss gesetzt werden.
23 u. 24 Die Decke der Grotte muss zugeschnitten, auf der Unterseite verputzt und hineingeklebt werden.

25 u. 26 Auf die Grotte baut man mit Ziegeln und Steinen (hergestellt aus Lärchenrinde) ein zusammengefallenes Mauerwerk.

27 Die Steine müssen naturgetreu zugeschnitten und auf alle sichtbaren Seiten geklebt werden.

28 Für Stiegen- und Wegteile werden die Reste der Weichfaserplatten verwendet. Dabei ist es wichtig, dass man die Teile mit der Hand in passend große Stücke bricht und nicht exakt zurechtschneidet.

29 Mit Korkrinden stellt man Felsen und karges Gelände zusammen, verstopft die Löcher mit geraspelten Weichfaserplatten und streicht anschließend Leimwasser gründlich darüber.

30 u. 31 Der Boden muss mit feinem Putzmörtel gespachtelt und die Stiegen mit verdünnter Mörtelmasse bestrichen werden.

32 Der fertig verputzte Boden und die Felsen können mit Mauerfragmenten unterbrochen sein.

33 u. 34 Auch die Unterseite des Bodens muss verstopft und die Rückseite der Krippenteile verputzt werden, um eine bessere Stabilität zu erreichen.

35 u. 36 Für eine Kuppel verwendet man eine halbe Styroporkugel, die auf dem Dach des Gebäudes angebracht wird. Einen Teil kann man herausbrechen, mit Steinen auffüllen und danach verputzen.

37 u. 38 Auf das kleine Dach vor der Grotte wird mit Makkaroni-Nudeln ein Ziegeldach in Form von Mönch und Nonne hergestellt. Die Ziegel der unteren Reihe, sie wird Nonne genannt, werden mit der Rundung nach unten mit Leim angeklebt. Die der oberen Reihe, sie wird Mönch genannt, leimt man mit der Rundung nach oben an. Der Mönch wird über die zweite Hälfte der Nonne geklebt, bis das Dach gedeckt ist.

39 u. 40 Nachdem der Krippenberg fertiggestellt wurde, muss die komplette Krippe mit weißer Dispersionsfarbe gestrichen werden.

41 u. 42   Nach dem Durchtrocknen der Krippe wird mit dem Fassen begonnen. Es empfiehlt sich, zuerst Steine, Mauerwerk, Wege und Felsenteile mit der Grundfarbe, 1/3 Umbra gebrannt und 2/3 Umbra natur, zu streichen. Sobald die Farbe angetrocknet ist, wird sie wieder angefeuchtet und die erhöhten Stellen werden abgewischt. Die glatten, verputzten Mauern kommen als nächstes an die Reihe. Dafür wird die Grundfarbe verdünnt aufgetragen und sofort abgewischt, damit die Mauern nicht zu dunkel werden.

43 u. 44   Nach dem fertigen Auftragen und Abwischen der Grundfarbe werden Felsen, Steine und Mauerwerk mit allen uns zur Verfügung stehenden Farben betupft und sofort verwischt, was die Krippe nicht langweilig werden lässt. Auch in der Natur sind auf Steinen und Felsen, bei genauer Betrachtung, sämtliche Farben vorhanden. Die Dachziegel werden mit der Farbe Ziegelrot überdeckt und abgewischt. Feuchte Wasserstellen deutet man mit einer Pinselspitze stark verdünntem Schwarz an. Dann kann mit der Hellpatina begonnen werden: Mit einem ca. 5 cm breiten Feinhaarpinsel wird an der Spitze ein wenig weiße Dispersionsfarbe aufgenommen und auf einem Brett oder einem Stück Weichfaserplatte abgetupft. Danach streicht man mit dem Pinsel vorsichtig über erhöhte Krippenteile oder über Teile, die in der Natur von der Sonne beschienen sein könnten. Als Abschluss wird die gesamte Krippe mit einem matten Spray konserviert.

45   Jetzt kann die Krippenstreu aufgeklebt und die Botanik angebracht werden. Wenn eine Beleuchtung gewünscht ist, wird sie von hinten montiert.

Nach der Fertigstellung kann die Krippe an ihrem vorgesehenen Platz aufgestellt und mit Figuren besetzt werden.

◆ Spezialitäten des Krippenbaus

In diesem Kapitel lernen Sie ganz besondere Arten von Krippen kennen, die von den gewohnten Anblicken beim weihnachtlichen „Krippeleschaugn" abweichen: Verschneite Winterkrippen und Krippen, die auf Baumschwämme gebaut werden, sind ebenso ein relativ neues Phänomen wie die Gestaltung Biblischer Figuren, die vor allem für pädagogische Zwecke entwickelt wurden. Mit den Papier- und Fastenkrippen kommt aber auch die Tradition nicht zu kurz, denn diese beiden gehören zu den ältesten bekannten Krippenarten.

Winter- oder Schneekrippen

Für viele Krippenbauer ist es ein besonderer Reiz, sich – meist als Zweitkrippe – eine Winter- oder Schneekrippe zu bauen. Es unterscheidet sich der Bau einer Winterkrippe vom üblichen Krippenbau nicht wesentlich. Bis zur Gestaltung mit Schnee wird sie grundsätzlich gleich gebaut wie eine heimatliche Krippe. Ist der Bau bis zum Dachstuhl abgeschlossen (ohne Deckung mit Schindeln), sind die Mauern verputzt, die Landschaft fertig gebaut und verstopft, beginnen wir mit der winterlichen Gestaltung. Dazu müssen wir überlegen, wo sich Schnee ablagert, wohin Schnee durch den Wind verfrachtet und hingeweht wird, wo geschmolzenes Schneewasser sich ansammelt und Eiszapfen bildet, wenn es richtig schneit und friert.

Für eine Schneekrippe braucht es nicht viele Figuren, man kann sich auf das Wesentliche beschränken. Die mit Styropor nachgestellten Schneeteile sind mit Christbaumschnee übersprüht und mit silberweißem Glimmer leicht bestreut worden. So ist eine naturalistische Winterlandschaft entstanden.

Die Schneewechten sind aus Styropor zugeschnitten und geschliffen worden. Hier wirken die Eiszapfen links und rechts des Daches nicht übertrieben. Damit die Fichtenbäume wirklichkeitsnah aussehen, werden sie mit Christbaumschnee leicht besprüht.

Bevor man eine Schneekrippe aufstellt, muss man sie genau auf eventuelle Sommerschäden untersuchen, den Schnee erneuern und die Botanik auffrischen.

Herstellung von Eiszapfen und Schnee

Angehäufte Schneemassen versucht man mit 3-5 cm dicken Styroporplatten nachzubilden. Dafür unbedingt eine hochwertige Styroporqualität verwenden, die durch die Farben Rosa, Hellblau, Gelb und Hellgrün gekennzeichnet und in jedem Baufachmarkt erhältlich ist. Die erforderlichen Teile und Flächen werden mit einem scharfen Messer zugeschnitten und mit einer Holzraspel, die sich gut für die feine Bearbeitung eignet, geformt und angepasst. Auf dem Dach müssen Flächen, die nicht vom Schnee bedeckt sind, mit Schindeln abgedeckt und vollständig bemalt sein, bevor man die Schneedecke befestigt. Zum Ankleben der angepassten Stücke nur Kaltleim, keine Heißklebepistole verwenden!

Auf die gleiche Art wird das Gelände zu einer wellenförmigen Winterlandschaft geformt. Mit Styroporhauben werden Steine, Bergkuppen, Erhöhungen, Zäune und alle Flächen, auf denen nach der eigenen Vorstellung und Fantasie Schnee liegen bleibt, versehen. Die mit einer Holzraspel oder einem Stück groben Schleifpapier zugeschliffenen Teile müssen auf die gleiche Weise wie beim Dach angeklebt werden. Zur besseren Haftung bestreichen wir alle Schneeflächen, Ritzen und Spalten mit Leimwasser und nach dem Antrocknen mit einem feinen, dickflüssigen Krippenmörtel (siehe S. 81). Nach dem Trocknen streichen wir mit weißer Dispersionsfarbe die komplette Winterlandschaft. Schattierungen erreicht man mit bläulicher und grünlicher Pulverfarbe, die in einem zarten Farbton aufgetragen wird.

Krippenschnee kann auch folgendermaßen hergestellt werden: Sobald die Krippe nach den eigenen Vorstellungen fertig gebaut ist, bestäubt man sie mit Leimwasser (5 Teile Wasser, 1 Teil Leim; als Zerstäuber kann man leere Behälter von Putzmitteln benützen). Kurze Zeit anziehen lassen, dann mit einem feinen Teesieb Modelliergips über die Krippe stäuben.

Es sollten auch die dürren Äste, die an den Hauswänden angebracht sind, beschneit sein.

Bei Schnee- und Winterkrippen können auch Sternsinger anstelle der Heiligen Drei Könige verwendet werden.

Der Vorgang wird so oft wiederholt, bis die gewünschte Schneehöhe erreicht ist. Wenn der Gips trocken ist, stellt man mit stark verdünnter bläulicher und grünlicher Pulverfarbe Schattierungen dar. Zum Schluss kann man noch etwas silbrigen, glänzenden Glimmerpulver über die Schneedecke rieseln lassen.

Für eine weitere Methode, die Krippe zu beschneien, benötigen wir ein Mehlsieb und Staubzucker. Der Aufbau einer Schneedecke mit Styropor oder ähnlichen Materialien, das Anbringen einiger Schneewehen mit Spachtelmasse und das Streichen der gesamten Winterlandschaft mit weißer Dispersionsfarbe sind uns schon bekannt. Nach dem Trocknen wird mit dem Sieb der Staubzucker aufgestreut. Bei dieser Variante erhält man nicht nur eine große Natürlichkeit, sondern auch eine täuschende Ähnlichkeit mit Schneekristallen. Mit etwas Glimmerpulver erhält man eine perfekte Winterlandschaft. Ein kleiner Nachteil dieser Methode ist, dass die Krippe keine Feuchtigkeit verträgt, so muss nach der Krippenzeit der Staubzucker abgesaugt und im nächsten Jahr neu aufgetragen werden.

Zum Schluss müssen noch die Eiszapfen hergestellt und die Schneekrippe mit diesen geschmückt werden. Man besorgt sich im Glasfachhandel 4-5 mm starke Glasstäbchen, die Anzahl der Glasstäbe ist von der Menge der Eiszapfen und der Länge der Glasstäbe abhängig. Um sich nicht zu verbrennen, halten wir mit zwei Zangen ein Glasstäbchen an beiden Enden über die Flamme eines Gasbrenners (Lötlampe) und erhitzen es in der Mitte so lange, bis bei 800-900 °C das Glas zu schmelzen beginnt. In diesem zähen Zustand wird das Stäbchen auseinandergezogen und so ein Eiszapfen erzeugt. Um sich nicht zu verletzen, muss das spitze gläserne Ende noch abgerundet und entschärft werden. Dafür halten wir den Eiszapfen mit der Spitze noch einmal kurz in die Flamme, sodass ein winziger Schmelztropfen entsteht.

1 Für die Herstellung von Eiszapfen brauchen wir einen Gasbrenner, ein Glasstäbchen in der Stärke von 4-5 mm und eine Flachzange.

2 Mit dem Gasbrenner wird das Glasstäbchen so lange über der Flamme erhitzt, bis es sich auseinanderziehen lässt.

3 Vorsicht beim Halten des heißen Glastabes; mit den Fingern nicht zu nahe an den Schmelzpunkt greifen, es besteht Verbrennungsgefahr!

4 Nachdem das Glasstäbchen auseinandergezogen und in der richtigen Länge abgezwickt wurde, muss das ausgefranste Ende noch einmal kurz über die Flamme gehalten werden, um die Spitze zu entschärfen.

Dann zwickt man die Eiszapfen in der gewünschten Länge ab. Abschließend bohrt man mit einem Bohrer oder spitzen Gegenstand Löcher in die Styropor-Teile und befestigt darin die Eiszapfen mit Kaltleim.

Vorsicht mit übertriebenen Schneemassen und zu vielen Eiszapfen!

Eiszapfen bilden sich in der Natur ausschließlich an Stellen, wo Wasser überläuft, abrinnt oder abtropft.

Zum Beispiel bei Dachrinnen. An der Firstseite eines Hauses kann Schmelzwasser höchstens durch eine große Schneewechte entstehen, darum sollten Eiszapfen auf einer Firstseite nur nach guter Überlegung und mit dem Bemühen, natürlich zu wirken, angebracht werden. Zu kräftige Farbtöne bei der Schattierung und zu viele Eiszapfen wirken kitschig und unnatürlich!

Holz- und Heuschlitten sollten bei einer Schneekrippe nicht fehlen.

Baumschwammkrippen

Diese Platz sparende Krippenart ist sehr beliebt. Sie kann wie ein Bild an die Wand gehängt werden, als Rund-, Tisch- oder kleine Eckkrippe gebaut sein. Baumschwämme können zur Landschaftsgestaltung sowohl für den heimatlichen als auch für den orientalischen Stil verwendet werden. Für Baumschwammkrippen verwendet man meist kleinere Figuren, um mehrere Szenen unterzubringen. Die Landschafts- und Gebäudeteile werden auf die flachen Seiten der Schwämme gebaut und nach dem Fertigstellen auf dem Hintergrund montiert.

Baumschwämme findet man in unseren Wäldern auf abgestorbenen Baumstämmen.

Herstellung

Der Grundaufbau einer Schwammkrippe ist für eine heimatliche und orientalische Krippe gleich. Stirnseitig werden auf einer stehenden Sperrholzplatte im rechten Winkel kleine Bretter angeschraubt, die als Halterung während des Bauens dienen. Diese Sperrholzplatte kann als Hintergrund verwendet werden oder nur als Ersatzwand während des Bauens

zur Verfügung stehen. Die ausgewählten Schwämme werden von hinten auf die Sperrholzplatte geleimt und geschraubt. Sie sollten so dicht wie möglich zusammengestellt sein und die Löcher zwischen den Schwämmen müssen mit Stopfmaterial ausgefüllt, mit Leimwasser bestrichen und die größeren Flächen mit Mörtelmasse verstrichen werden. Nach dem Durchtrocknen beginnt man mit dem weiteren Aufbau der Krippe, deren Machart und Ausführung gleich wie bei heimatlichen und orientalischen Krippen ist. Nach der Fertigstellung wird die Rückwand entfernt und durch einen Hintergrund ersetzt.

Vor Baubeginn sollte man genügend Schwämme gesammelt, gereinigt und getrocknet haben, um die beste Auswahl treffen zu können.

Die Baumschwämme werden zusammengeleimt und auf eine Sperrholzplatte montiert, die während des Baus als Rückwand dient und nach Fertigstellung mit einem Hintergrund ausgetauscht werden kann.

Wenn die Sperrholzplatte erhalten bleibt, muss diese bis zum Schwamm hin zugeschnitten und genau angepasst werden. Das sichtbare Holz wird verputzt, grundiert und mit einer Farbe, die dem Schwamm gleichkommt, retuschiert.

Auf Baumschwämmen kann mit allen Materialien – Korkrinde, Lärchenrinde, Weichfaserplatten und Styropor – gearbeitet werden.

Biblische Figuren – Beschreibung und Herstellung in Bildern

Die Arbeit mit Biblischen Figuren begann vor 35 Jahren in Schwarzenberg im Kanton Luzern in der Schweiz. Seit einigen Jahren werden auch in Tirol und Österreich Kurse angeboten, um diese wunderschönen, beweglichen Figuren herzustellen. Angaben zu Arbeitskreisen und Kursen, die auch Krippenvereine vermitteln und über Bildungshäuser und Klöster organisiert werden, finden Sie im Anhang auf S. 250.

Die ursprüngliche Idee, Krippenfiguren zu schaffen, hat sich weiterentwickelt. Ihre Beweglichkeit und Standfestigkeit erlauben die verschiedensten Körperhaltungen, so lassen sich die vielfältigsten biblischen Erzählungen mit diesen puppenartigen Figuren darstellen. Sie eignen sich nicht nur zum persönlichen Gebrauch zu Hause, sondern können in Kindergärten, im Religionsunterricht und in der Behindertenarbeit eingesetzt werden. Wer bereits einmal mit Biblischen Figuren gearbeitet hat, der wird sicherlich erkannt haben, dass sie mehr sind als umspannte Gestelle aus Sisal und Draht. Man wird ihnen nicht gerecht, wenn man sie als Puppen bezeichnet, als würden sie nach ihrer Fertigstellung zur Dekoration benutzt.

Aus Styroporplatten lassen sich einfache Krippenteile herstellen: Gebäude-, Brunnen- und Stallteile ausschneiden, mit Mörtel, der für orientalische Krippen angemacht wurde, verputzen, nach dem Trocknen grundieren und fassen.

Denn diese Figuren „leben". Vom Beginn ihrer Herstellung an wachsen sie immer mehr zu einer eigenen Existenz heran. Sie haben Charakter und sie lassen sich nicht beliebig weiterreichen, sondern gehören zu dem, der sie geschaffen hat, und verbinden sich mit ihm. Diese intensive Beziehung des Schaffenden zu seiner Figur ist immer wieder in Kursen, in denen Biblische Figuren erzeugt werden, zu beobachten. Während der Herstellung bringen die Teilnehmer etwas von dem, was in ihnen lebt, mit ein.

Die besondere Verbundenheit mit den Figuren drückt sich auch in der Arbeit mit ihnen aus, wenn sie in Geschichten hineingestellt oder zur Darstellung von Gefühlen und Haltungen eingesetzt werden. Dabei gibt die Figur dem Schaffenden etwas von dem zurück, was er bei ihrer Herstellung eingebracht hat.

Beweglichkeit und Standfestigkeit

Biblische Figuren sind 25-30 cm groß und beweglich. Als Grundgerüst dient eine Sisalschnur mit Drahtkern, für ihre Standfestigkeit bekommen sie Bleifüße. Gesichter (aus Styropor, zugeschnitten und geschliffen) und Hände sind nur angedeutet, damit sich der Betrachter

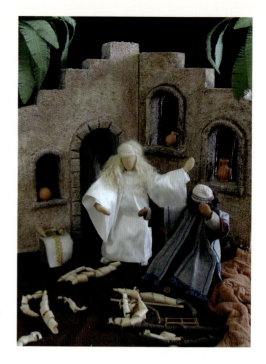

Eine Krippe für Biblische Figuren lässt sich mit einfachen Mitteln herstellen: ein Tisch bedeckt mit Tüchern in Naturfarben und einigen Ästen.

einen bestimmten Gesichtsausdruck selber vorstellen kann. Trotzdem scheinen sie beredter und ausdrucksstärker als so manche realistische Nachbildung. Stimmungen und Gefühle werden hauptsächlich über die Haltung vermittelt. Nach dem Körperaufbau wird ein wesentliches Augenmerk auf die Ausführung der Kleidung gelegt. Diese kann jeder selbst bestimmen, sollte aber in gedeckten Farben, möglichst einfarbig oder gestreift, sein und den textilen Möglichkeiten biblischer Zeiten entsprechen. Für Haare können die verschiedensten Lammfelle verwendet werden. Schuhe werden aus Leder hergestellt; Kopftücher, Mützen und Turbane aus Wolle gestrickt oder aus Seidentüchern und Stoffresten angefertigt.

Figurengestelle werden heute in der Stiftung Brändi in der Schweiz hergestellt. Jährlich werden inzwischen so viele Figurengestelle benötigt, dass für acht behinderte Menschen ein Arbeitsplatz geschaffen werden konnte.

◆ Materialien, Aufbau und Herstellung Biblischer Figuren

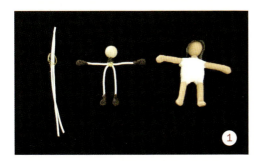

1. Die Grundmaterialien für die Herstellung des Christkindes: ein Draht für den Körper, eine kleine Styroporkugel für den Kopf und 1-2 cm breite Bänder, die aus einem Tuch geschnitten werden, zum Umwickeln des Körpers.
2. Sisaldraht sorgt für Beweglichkeit und Bleifüße dienen der Standfestigkeit. Die Körperteile werden wie beim Christkind mit einem Tuchband umwickelt.
3. Gesichter werden nur angedeutet, um für verschiedene Interpretationen offen zu bleiben. Menschliche Haut und Haare werden täuschend echt durch einen Überzug aus Duvetine (Pfirsichhaut) und mit speziellem Schaffell nachgeahmt.
4. Die Kleidung wird je nach Art der Anwendung individuell angefertigt und kann leicht verändert werden.
5. Hier wird der Arbeitsvorgang zur Herstellung von Hartschaumköpfen gezeigt. Diese können individuell geformt und zugeschliffen werden.

Papierkrippen & Figuren

Da im 17. und 18. Jh. der Analphabetismus noch stark verbreitet war, versuchte man die biblischen Erzählungen und die Leidensgeschichte für die einfache Bevölkerung in Bildern darzustellen. Im Papier fanden künstlerisch begabte Krippenbauer, Hintergrund- und Kulissenmaler ein einfaches, günstiges, haltbares und dennoch würdiges Material für die Verwirklichung von Krippenszenen. Die kulissenartigen Papierkrippen standen meist in Kirchen oder Klöstern. Ende des 18. Jh., als die Krippe ihren Einzug in Bürger- und Bauernhäuser nahm, nannte man die Papierkrippe „Krippe des kleinen Mannes", weil die Figuren aus Papier auch für den „kleinen Mann" erschwinglich waren; im Gegensatz zu den teureren aus Holz geschnitzten. Ein weiterer Vorteil der Papierkrippe ist, dass sie auch bei figuren- und detailreichen Szenen wenig Raum benötigt, denn durch eine gestaffelte Aufstellung erreicht man eine hervorragende Tiefenwirkung.

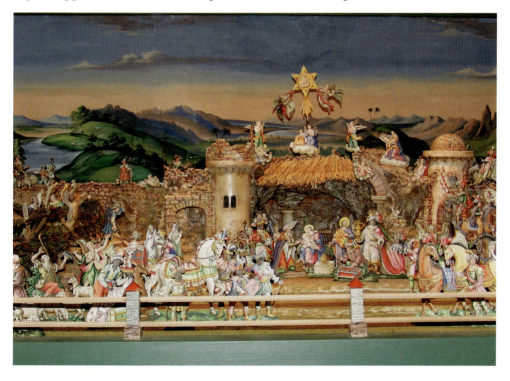

In Tirol entstanden in dieser Krippenart umfangreiche Fasten- und Jahreskrippen. Als Material diente alles Mögliche, vom Pergament und Schreibpapier bis hin zu Spielkarten, Karton und gelegentlich mit Mehlbrei zusammengeklebtes Noten- und Zeitungspapier. Zum Bemalen wurden Kasein-, Tempera- oder einfach Wasserfarben verwendet. Auf die Rückseiten leimte man dünne Holzleisten zur Stabilisierung. Die einzelnen Teile wurden entweder mit Holzklötzen aufgestellt oder mit Nägeln, Zahnstochern und Nadeln an die Holzleisten angebracht und in den Krippenboden gesteckt.

Heute bekommt man wieder eine Vielzahl von neu aufgelegten und abgedruckten Papierbögen von alten Meistern zum selber Ausschneiden. Durch diese Ausschneidebögen kann jeder Krippenbauer, auf günstigste Art, seine Weihnachts- oder Fastenkrippe bestücken.

200 Jahre alter gemalter Tempel einer Papierkrippe für die Darstellung des „12-jährigen Jesus im Tempel".

Verschiedene Methoden die Papierfiguren aufzustellen.
Links: Eine Nähnadel wird mit Zwirn um ein Stück Holzleiste gewickelt und mit Klebstoff auf die Rückseite der ausgeschnittenen Figur geklebt. So kann sie auf den Krippenboden gesteckt werden.
Rechts: In ein Holzklötzchen wird eine Holzleiste eingearbeitet, die auf die Papierfigur geklebt wird. Danach können die Figuren in die Krippe gestellt werden.

◆ Figuren zum Ausschneiden

Eine Gruppe der wichtigsten Papierfiguren zum Kopieren und Ausschneiden für eine kleine Krippe. Kopierte Bögen auf einen Karton oder ein kleines Balsabrettchen leimen und mit Messer und Schere oder einer Laubsäge ausschneiden. Nachdem die Figuren ausgeschnitten sind, müssen die Ränder beziehungsweise die Schnittstellen mit einer dunklen, grauen Farbe nachbemalt werden. Anschließend auf der Rückseite der Figuren Holzklötzchen oder Nadeln anbringen und schon können sie ihren Platz in der Krippe einnehmen.

Fastenkrippen

Gläubige Menschen aus früherer Zeit wollten auch die Ereignisse der Leidensgeschichte bildlich vor Augen haben. Fastenkrippen stellen die Leidensgeschichte Christi in Szenen, vom Abendmahl bis zur Auferstehung, dar. Passions- oder Fastenkrippen sind in erster Linie in Kirchen und entsprechenden musealen Einrichtungen aufgestellt. Die meisten sind in Tirol beheimatet. Darunter befindet sich auch eine der bekanntesten Fastenkrippen überhaupt. Sie kann jedes Jahr ab Aschermittwoch in der Wallfahrtskirche Götzens besichtigt werden. Diese Krippe wurde vor über 200 Jahren von Georg Haller (1772–1838) geschaffen und besteht aus über 250 bemalten Papierfiguren, welche die gesamte Leidensgeschichte in 35 Stationen darstellen. Der Krippenverein Telfs hat einige Teile dieser Fastenkrippe, ohne Landschaft, auf 4 Ausschneidebögen mit 92 Figuren herausgebracht, die im Buchhandel erhältlich sind.

In Privathäusern findet man nur mehr wenige alte Fastenkrippen; zu ernst ist das Themenspektrum, das in ihnen zur Sprache kommt und von Verrat bis Hinrichtung reicht. Dennoch erleben sie in den letzten Jahren wieder einen Aufschwung. Im Gegensatz zur Weihnachtskrippe rufen Fastenkrippen ein eher passives Mitgefühl hervor, das keinerlei Identifikation mit den dargestellten Personen anstrebt.

Der Bau einer Fastenkrippe erfordert genaue Kenntnis der Bibel sowie einen engen Bezug zum Neuen Testament. Außerdem sind die Auseinandersetzung mit der Landschaft des alten Israel, ein völliges Hineindenken in die Zeit, in der Jesus gelebt und gewirkt hat, notwendig.

Auch in den Krippenvereinen hat sich in den letzten Jahren neben der Weihnachtskrippe die Fastenkrippe etabliert. Das Material und die Bauweise einer Fastenkrippe gleichen einer orientalischen Krippe. Nicht fehlen dürfen der Ölberg/Kalvarienberg, das Zedrontal, eine Grabeshöhle, ein Kerker sowie ein Gebäude für die Verspottung, Geißelung und Dornenkrönung.

Die Auferstehung.

Jesus am Kreuz.

Jesus am Ölberg.

Jesus verabschiedet sich von Maria.

Jesus vor König Herodes.

Die Geißelung.

Jesus wird das Schweißtuch gereicht.

Jesus trägt das Kreuz.

Die weinenden Frauen.

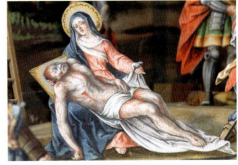
Die Kreuzabnahme.

Darstellung in 35 Szenen

1) Jesus verabschiedet sich von seiner Mutter.
2) Jesus verabschiedet sich von den Jüngern, während Judas davonschleicht.
3) Jesus betet im Garten Gethsemane und wird vom Engel getröstet.
4) Judas zeigt den Schergen Jesus.
5) Judas gibt Jesus den Judaskuss.
6) Jesus fragt: „Wen sucht ihr?"
7) Petrus schlägt Malchus das Ohr ab.
8) Jesus fällt in den Zedron-/ Kidronbach und wird mit Seilen die Brücke heraufgezogen.
9) Jesus ist im Gefängnis hinter einem Eisengitter, mit angeketteten Händen und Füßen. Das Gitter wird von Obelisken flankiert.
10) Judas erhält 30 Silberlinge.
11) Jesus wird Hannas, dem Schwiegervater des Kaiphas, vorgeführt.
12) Jesus wird dem Hohenpriester Kaiphas vorgeführt.
13) Jesus wird dem römischen Prokurator Pilatus vorgeführt.
14) Jesus wird König Herodes vorgeführt.
15) Petrus verleugnet Jesus. Der Hahn kräht von einem Baum herab.

16) Jesus wird gegeißelt. Die Ruten werden zur Vorbereitung in einem mit Wasser gefüllten Bottich eingeweicht.
17) Jesus sinkt nach der Geißelung ohnmächtig zu Boden. Ein Scherge gibt ihm einen Fußtritt.
18) Jesus fällt am Fuß der Geißelsäule ein zweites Mal in Ohnmacht.
19) Jesus wird an den Haaren gerissen.
20) Jesus wird mit Dornen gekrönt.
21) Jesus wird verspottet.
22) Jesus fällt vor den Augen Marias unter dem Kreuz, dahinter stehen die zwei Schächer.
23) Jesus begegnet den weinenden Frauen.
24) Simon von Kyrene hilft Jesus das Kreuz zu tragen.
25) Veronika reicht Jesus das Schweißtuch.
26) Jesus fällt zum zweiten Mal unter dem Kreuz.
27) Jesus wird seiner Kleider beraubt.
28) Soldaten würfeln um den Rock Jesu.
29) Jesus wird ans Kreuz genagelt.
30) Jesus stirbt am Kreuz.
31) Jesus wird vom Kreuz abgenommen.
32) Jesus liegt im Grab.
33) Judas erleidet Seelenqualen, verzweifelt und bereut.
34) Judas erhängt sich an einem Baum. Teufel in Tiergestalt erscheinen, darunter ein katzenartiger mit dem Beutel mit 30 Silberlingen.
35) Jesus steht von den Toten auf, die Auferstehung.

◆ Anhang

Österreichische Krippenverbände

Verband der Krippenfreunde Österreichs

Verbandsbüro:		A-6020 Innsbruck, Sillgasse 5	www.krippe.at
			verband@krippe.at
Geschäftsführerin:	Anny Franzelin MA	A-6020 Innsbruck, An der Furt 1	0664 / 85 37 424
			0512 / 58 05 13
Präsidentin:	Mag. Dr. Beate Palfrader	Amt der Tiroler Landesregierung	0512 / 508
		A-6020 Innsbruck, Eduard-Wallnöfer-Pl. 3	
Stellvertreter:	Dr. Franz Grieshofer	A-1230 Wien, Tullnertalgasse 41-47/3/16	0650 / 44 31 089
Stellvertreter:	Rudolf Häusler	A-6175 Kematen, Innsbruckerstraße 11	0664 / 11 36 495
Ehrenpräsident:	Mag. Werner Seifert	A-6020 Innsbruck, Schulgasse 2	

Landeskrippenverband Tirol

Verbandsbüro:		A-6020 Innsbruck, Sillgasse 5	0512 / 57 30 40
			www.krippe-tirol.at
			mail@krippe-tirol.at
Obfrau:	Anni Jaglitsch	A-6423 Mötz, Gartenweg 5	05263 / 65 61
Stellvertreter:	Alois Aufschnaiter	A-6370 Aurach, Unterfeldweg 12	05356 / 71 5 01
Stellvertreter:	Peter Riml	A-6473 Wenns, Brennwald 305	0664 / 25 21 676
Stellvertreter:	Josef Ortner	A-9900 Lienz, Prof. Plonerstraße 8	04852 / 71 9 42

Gebietsvereine

Lienz:	Josef Ortner	A-9900 Lienz, Prof. Plonerstraße 8	04852 / 71 9 42
Pustertal/Osttirol:	Berta Stern	A-9913 Abfaltersbach, Nr. 95	04846 / 62 16
Untere Schranne:	HD Norbert Stadler	A-6342 Niederndorf, Nr. 61 b	05373 / 61 8 72
Wilder Kaiser:	Hannes Naschberger	A-6351 Scheffau, Dorf 154	05358 / 85 5 80
Zillertal:	Christine Geir	A-6272 Ried im Zillertal, Ried 190	0650 / 77 24 657

Gebietsvertreter

Oberland:	Maria Jehle	A-6555 Kappl, Höferau 374	05445 / 63 6
Mittleres Inntal:	Alois Mair	A-6175 Kematen, Hintere Gasse 3	05232 / 28 44
Außerfern:	Klaus Götzhaber	A-6600 Wängle, Winkl 34	05672 / 63 8 68

Ortsvereine

Absam:	Hubert Mölk	6067 Absam, Fanggasse 9 a	05223 / 55 5 73
Aldrans:	Harald Mair	6083 Ellbögen, Niederstraße 119 k	0664 / 32 00 320

Alpbach:	Alois Volgger	6236 Alpbach, Rossmoosweg 602	05336 / 57 48
Angath:	Dir. Rudolf Wöss	6300 Angath, Nr. 189	05332 / 76 4 41
Aurach:	Alois Aufschnaiter	6370 Aurach, Unterfeldweg 12	05356 / 71 5 01
Axams:	Alois Hepperger	6094 Axams, Georg-Bucher-Straße 1	05234 / 67 7 33
Bichlbach:	Marlene Wacker	6621 Bichlbach, Gipfl 5	05674 / 51 57
Brandenberg:	Alois Auer	6234 Brandenberg, Nr. 24 a	05331 / 53 19
Breitenbach:	Josef Greiderer	6252 Breitenbach, Oberdorf 20	0664 / 57 15 383
Ellbögen:	Franz Spantringer	6082 Ellbögen, Niederstraße 216 a	0512 / 37 87 68
Fieberbrunn:	Michael Döttlinger	6380 St. Johann, Reitham 13	0664 / 61 95 090
Fulpmes:	Franz Huter	6166 Fulpmes, Kirchstraße 11	05225 / 64 4 67
Götzens:	Emil Rainalter	6091 Götzens, Sonnenbichlweg 9	05234 / 32 6 22
Gries i.S:	Franz Witting	6182 Gries i. Sellrain, Nr. 72	05236 / 283
Grinzens:	Arthur Holzknecht	6095 Grinzens, Minigsgasse 5	0650 / 85 04 925
Haiming:	Theo Köll	6425 Haiming, Siedlungstraße 7 b	05266 / 88 9 83
Hall:	Edda Hlawatsch	6060 Hall, Fassergasse 7	05223 / 46 8 89
Häselgehr:	Robert Maldoner	6652 Elbigenalp, Dorf 3	05634 / 66 72
Hötting:	Manfred Künzl	6020 Innsbruck, Kugelfangweg 24	0512 / 20 47 87
Huben:	Agnes Kuen	6444 Längenfeld, Huben 252	05253 / 50 02
Innsbruck:	Ernst Seidner	6083 Ellbögen, St. Peter 161	0512 / 37 80 59
Inzing:	Bernhard Wanner	6401 Inzing, Mühlweg 21	05238 / 88 0 06
Ischgl/Mathon:	Renate Kathrein	6562 Matho, Winklweg 15	05444 / 54 5 00
Jenbach:	Hois Egerbacher	6200 Jenbach, Auhof 1	05244 / 63 0 90
Kappl:	Andreas Rudigier	6555 Kappl, Obermühl 543	05445 / 61 80
Karrösten:	Maria Schöpf	6460 Karrösten, Nr. 9	05412 / 67 1 14
Kematen:	Hermann Ruetz	6175 Kematen, Messerschmidtweg 2	05232 / 26 00
Kirchbichl:	Michael Diery	6322 Kirchbichl, Kirchstieglstraße 34	05332 / 87 2 25
Kitzbühel:	Dr. Manfred Rubert	6370 Kitzbühel, Franz-Walde-Weg 13	05356 / 64 96
Kramsach:	Josef Stubenvoll	6240 Radfeld, Kirchfeld 4	05337 / 66 6 10
Kufstein:	Franz Aufschnaiter	6330 Kufstein, Obere Sparchen 11	05372 / 68 3 19
Kundl:	Peter Steinbacher	6250 Kundl, Kohlstatt 1	05338 / 78 24
Langkampfen:	Johann Luchner	6336 Langkampfen, Martltalweg 6	05332 / 87 6 13
Larsenn:	Josef Westreicher	6491 Schönwies, Siedlung 8	0676 / 66 00 528
Längenfeld:	Josef Neurauter	6444 Längenfeld, Runhof 175	05253 / 53 82
Lienz:	Albert Erger	9900 Lienz, Eeichholzweg 18	0676 / 52 59 986
Loisachtal:	Hans Mader	6631 Lermoos, Kirchplatz 8	05673 / 23 48
Mieders:	Helmuth Muigg	6142 Mieders, Dorfstraße 20	0664 / 50 31 062
Mils:	HR Dr. Othmar Krüpl	6068 Mils, Reschweg 13	05223 / 42 3 37
Mötz:	Anni Jaglitsch	6423 Mötz, Gartenweg 5	05263 / 65 61
Münster:	Josef Unterberger	6232 Münster, Höllenstein 400	05337 / 93 6 30
Mutters:	Dr. Franz Jäger	6162 Mutters, Birchfeld 24	0512 / 54 85 37
Nassereith:	Robert Jordan	6465 Nassereith, Badergasse 276	05265 / 51 48
Natters:	Johann Gschösser	6161 Natters, Heinrich v. Schullernweg 7	0512 / 54 60 48
Navis:	Albert Peer	6145 Navis, Oberweg 98	05278 / 63 04
Neustift:	Richard Siller	6167 Neustift, Stackler 21	0664 / 60 19 26 54
Nußdorf-Debant:	Josef Bernhardt	9990 Nußdorf-Debant, Unt.-Agunt-Str. 31	04852 / 69 0 85
Oberperfuß:	Karl Spiegl	6173 Oberperfuß, Blasius-Hueber-Weg 11	0664 / 73 52 16 13
Oetz:	Otto Stecher	6433 Oetz, Örlachweg 12	05252 / 61 39

Ranggen:	Hermann Mair	6179 Ranggen, Hauptstraße 30	0664 / 40 42 092
Reutte:	Klaus Götzhaber	6610 Wängle, Winkl 34	05672 / 63 8 68
Roppen:	Anton Auer	6426 Roppen, Nr. 208	05417 / 52 45
Rum:	Thomas Höpperger	6063 Rum, Oberer Moosweg 12	0512 / 20 20 04
Schönberg:	Karl Hermann	6141 Schönberg, Kirchgasse 12	0676 / 77 67 712
Schwaz:	OSR Josef Hatzl	6135 Stans, Am Rain 269	05242 / 72 2 78
Seefeld:	Oswald Gapp	6100 Seefeld, Kirchwald 780	05212 / 44 22
Sellrain:	Ing. Georg Dornauer	6181 Sellrain, Tannrain 20	0664 / 30 76 195
Sillian:	Reinhard Schett	9920 Heinfels, Rabland 237	04842 / 51 62
Silz:	Josef Sonnweber	6424 Silz, Oskar-Tamerl-Weg 12	05263 / 67 00
Sistrans:	Gabriele Rudig-Reitmair	6073 Sistrans, Unterdorf 493	0650 / 82 02 410
Sölden-Gurgl:	Makarius Fender	6450 Sölden, Feldweg 3	05254 / 25 16
St. Leonhard:	OSR Heinz Neuner	6481 St. Leonhard, Schrofen 223	05413 / 87 6 05
Steinach:	Harald Schöpf	6150 Steinach, Höhenweg 42	0664 / 36 02 030
Tannheimertal:	Albert Weirather	6672 Nesselwängle, Nr. 41	05675 / 82 89
Tarrenz:	Franz Pohl	6464 Tarrenz, Brennjurweg 94	05412 / 67 0 59
Telfs:	Robert Heiss	6410 Telfs, Hinterbergstraße 17	05262 / 62 9 94
Terfens:	Franz Hupfauf	6123 Terfens, Weitental 35	0676 / 38 57 775
Thaur:	Martin Feichtner	6065 Thaur, Stollenstraße 19	0664 / 83 86 024
Vils:	Emmerich Erd	6682 Vils, Lüsweg 1	05677 / 84 33
Volders:	Johann Russ	6111 Volders, Tagwalterstraße 13/7	05224 / 55 3 08
Völs:	Friedrich Seifert	6176 Völs, Maximilianstraße 1a	0512 / 30 23 88
Waidring:	Andreas Schreder	6384 Waidring, Unterwasser 38	05353 / 54 41
Wattens:	Gerhard Unterberger	6112 Wattens, Dr.-Gollner-Straße 6	05224 / 52 9 97
Weerberg:	Helmut Obermair	6133 Weerberg, Högweg 4	05224 / 67 4 31
Wenns:	Helmut Deutschmann	6473 Wenns, Larchach 595	05414 / 86 2 72
Wildermieming:	Erwin Auer	6414 Wildermieming, Nr. 28	0676 / 830 38 189
Wörgl:	Theo Frühwith	6322 Kirchbichl, Panoramastraße 5	05332 / 88 8 00
Zirl:	Josef Gspan jun.	6170 Zirl, Solsteinstraße 1	05238 / 52 9 46

Landeskrippenverband Vorarlberg

Verbandsbüro:		6800 Feldkirch-Altenstadt, Klosterstr. 4/1	05522 / 70 0 20
		www.krippevorarlberg.at	
		info@krippevorarlberg.at	
Obmann:	Josef Hagen	6800 Altenstadt, Kirchgasse 17c	05522/ 81 8 11
Stellvertreter:	Reinhard Feiersinger	6832 Röthis, Badstraße. 2	05522 / 47 6 47

Ortsvereine

Altenstadt:	Monika Reutz	6804 Altenstadt, Breitenstraße.4	0664 / 32 05 583
Braz:	Harald Zipper	6751 Braz, Obere Gasse 26	05552 / 28 619
Buch:	Andreas Eberle	6960 Buch, Heimen 61	05579 / 82 18
Dornbirn:	Walter Mäser	6850 Dornbirn, Russenweg 11	0664 / 53 20 804
Frastanz:	Martin Bertsch	6820 Frastanz, Buchholz 8	05522 / 73 9 59
Götzis:	Walter Marte	6840 Götzis, Steinbux-Straße 11b	05523 / 53 4 01
Groß. Walsertal:	Pirmin Dobler	6721 Thüringerberg, Faschinastraße 152	05550 / 42 00

Hard:	DI Gerhard Moser	6971 Hard, Flötzerweg 5	05574 / 64 9 23
Hörbranz-Lochau:	Hermann Rass	6912 Hörbranz, Römerstraße 14	05573 / 83 1 41
Innermontafon:	Marlies Kuster	6791 St.Gallenkirch, Galgenul 69a	05557 / 67 22
Koblach-Altach:	Peter Stark	6842 Koblach, Dorf 19	05523 / 64 2 35
Langen b. Bz.:	Werner Wild	6932 Langen bei Bregenz, Rietern 146	05575 / 20 1 75
Lustenau:	Erich Kirner	6890 Lustenau, Binsenfeld-Straße 15a	05577 / 83 9 32
Nenzing:	Jakob Fessler	6830 Rankweil, In der Schaufel 72	05522 / 48 5 13
Rankweil:	Reinhard Feiersinger	6832 Röthis, Badstraße 2	05522 / 47 6 47
Rheindelta:	Andreas Thurm	6973 Höchst, Bruggerfeld 8	05578 / 75 7 88
Satteins:	Gert Lampert	6822 Satteins, Rönserstraße 35	05524 / 52 35
Sulzberg:	Thomas Wörndle	6934 Sulzberg, Dorf 4	05516 7 41 16
Tisis:	Otto Müller	6800 Tisis, Vogelbühelweg 16	05522 / 81 7 38

Landeskrippenverband Salzburg

Obmann:	Günther Hopfgartner	5424 Vigaun, Bürweg, 153	06245 / 82 1 32
Stellvertreter:	Rupert Beran	5082 Grödig Fürstenbrunnerstr. 14	06246 / 73 7 15
Stellvertreter:	Herbert Burgschwaiger	5671 Bruck/Glstr. Neuwieserstr. 3	0664 / 222 52 68

Ortsvereine

Bad Vigaun:	Günther Hopfgartner	5424 Vigaun, Bürgweg 153	06245 / 82 1 32
Bruck:	Herbert Burgschwaiger	5671 Bruck, Neuwiesstraße.3	06545 / 75 90
Grödig:	Martin Beran	5082 Grödig, Oberfeldstraße 10	06246 / 73 1 01
Großarlertal:	Josef Gschwandtl	5611 Großarl, Schied 70	06414 / 81 79
Großgmain:	Gerhard Radauer	5084 Großgmain, Am Mesnerbach 527	06247 / 87 61
Kuchl:	Reinhard Neureiter	5431 Kuchl, Georgenberg 342	06244 / 20 0 59
Lofer:	Heidi Scheul	5091 Unken Reith 84	06589 / 46 25
Saalfelden:	Peter Innerhofer	5760 Saalfelden, Thor 131	06582 / 44 0 92
Seeham:	Johann Gangl	5164 Seeham, Rosenweg 3	06217 / 659
Seekirchen:	Hans Peter Kültringer	5201 Seekirchen Alfred Schichtlweg	0664 / 456 69 78
Uttendorf:	Peter Volgger	5723 Uttendorf, Manlitzweg 322	06563 / 89 14

Landeskrippenverband Kärnten

www.krippe-carinthia.at
landesverband@krippe-carinthia.at

Obmann:	Lambert Windhagauer	9500 Villach, Weidenweg 41	04242 / 45 7 56
Stellvertreter:	GR Otto Gritsch	9572 Deutsch Griffen, Pfarrhof 6	0664 / 33 73 487
Stellvertreter.	Heinrich Untergantschnig	9831 Flattach, Grafenberg 11	0664 / 44 03 943

Ortsvereine

Deutsch Griffen:	Josef Herbert Krassnitzer	9572 Deutsch Griffen, Nr.48	04279 / 547
Feldkirchen/K:	Heinz Eichler	9560 Feldkirchen/K, Seitenberg 16	0699 / 121 32 765
Klagenfurt:	Walter Govekar	9061 Wölfnitz, Gartenweg 4	04634 / 93 13
Gail u. Lesachtal:	Reinhold Ertl	9640 Kötschach Mauthen, Würmlach 17	04715 / 478

Obervellach:	Helmut Egarter	9814 Mühldorf, Nr. 205	04769 / 30 92
St. Andrä/Lav.:	Rosi Gabriel	9433 St. Andrä, Blaiken 105	04358 / 45 71
Villach:	Erich Körbler	9500 Villach, Maurerweg 7	04242 / 37 1 01

Landeskrippenverband Oberösterreich

Obmann:	Karl Hennenbichler	4400 Steyr Bogenhausstraße 8/6	07252 / 81 2 80
Stellvertreter:	Dr. Dietmar Assmann	4020 Linz, Lessingstraße 9	0732 / 77 23 05
Stellvertreter:	Dr. Alexander Jalkotzy	4020 Linz, Promenade 37	0732 / 77 20-15 6 40

Ortsvereine

Altenhof:	Karl Stelzhammer	4680 Haag am Hausruck, Kreuzerfeld 28	0664 / 92 76 817
Bad Goisern:	Traudi Glas	4822 Bad Goisern, Rehkogel 8	0699 / 112 91 231
Bad Ischl:	Rudolf Aitenbichler	4820 Bad Ischl, Mozartstraße 5	06132 / 28 1 34
Garsten:	Dir. Ing. Franz Salzer	4451 Garsten, Buchbergstraße 18	0699 / 117 54 44
Gmunden:	Kons. Horst Störinger	4613 Altmünster, Adelsberg 4	0664 / 30 81 568
Hausruck:	Karl Groiß	4882 Geboltskirchen, Oberentern 7	07732 / 30 40
Linz:	Ing. Gerhard Rees	4000 Sankt Florian, Am Ipfbach 70	0664 / 42 70 15
Ob.Innviertel:	Josef Manglberger	5270 Mauerkirchen, Alm 3	07724 / 26 88
Pfaffstätt:	Notfried Kronsteiner	5223 Pfaffstätt, Munderfingerstraße 15	07742 / 67 67
Steyr Krippenfr.:	Karl Hennerbichler	4400 Steyr, Bogenhausstraße 8/6	07252 / 81 2 80
Vöcklabruck:	Kons. Gerhard Hofmann	4890 Frankenmarkt, Gries 27	07684 / 65 29
Wels:	Erich Steindl	4600 Wels, Gaußstraße 3	07242 / 60 5 65

Landeskrippenverband Steiermark

| Obmann: | Manfred-Peter Meder | 8111 Judendorf-Straßengel, Am Kirchberg 20 | 03124 / 52 900 |
| Stellvertreterin: | Waltraude Lechner | 8232 Grafendorf, Lechen 32 | 03338 / 21 90 |

Gebietsvereine

Eisenwurzen:	Herbert Krump,	8790 Eisenerz, Hieflauerstraße 44	03848 / 42 19
Oststeiermark:	Waltraude Lechner	8232 Grafendorf, Lechen 32	03338 / 21 90
Weißkirchen:	Johann Puster	8734 Großlobming, Thann 7	
Stein:	Gerald Gerhardter	8961 Stein, Nr. 152/1	03685 / 22 0 31
Steir. Ennstal:	Gustav Schöpf	8786 Rottenmann, Strechau 113	0680 / 30 26 329
St.Anna a. Aigen:	Otmar Wernhart	8734 Großlobming, Plesch 4	03158 / 27 83
Stiwoll:	Friedrich Primas	8152 Södingberg, Nr. 85	03142 / 81 06

Landeskrippenverband Niederösterreich

| Obmann: | Klaus Kurzmann | 2340 Mödling, Beethovengasse 35 | 0664 / 10 03 487 |
| Stellvertreter: | Karl Bauer | 2020 Hollabrunn, Gymnasiumstraße 16 | 0681 / 10 23 27 74 |

Ortsvereine

Altenmarkt/Thale:	Franz Oberpeilsteiner	2031 Altenmarkt, Nr 45	02953 / 82 87
Hollabrunn:	Karl Bauer	2020 Hollabrunn, Gymnasiumgasse 16	02952 / 44 70
Mannersdorf:	Josef K. Fritz	2434 Götzendorf, Militärsiedlung 82	02168 / 62 6 47
Vösendorf:	Franz Wostalek	2331 Vösendorf, Schönbrunnerallee 29	0664 / 325 74 10
Wullersdorf:	Leopold Vietze	2041 Wullersdorf, Ing. Trimmelstr. 285	02951 / 86 80

Landeskrippenverband Burgenland

Obfrau	Renate Grubits	7342 Kaisersdorf, Aloisiusgasse 31	02617 / 33 00
Stellvertreter:	Walter Huf	7032 Sigless, Schulgartenweg 1 a	02626 / 71 7 09

Ortsvereine

Kaisersdorf:	Wilhelm Grubits	7342 Kaisersdorf, Aloisiusgasse 31	02617 / 33 00
Marz:	Gertrude Becker	7221 Marz, Mühlenweg 1	02626 / 63 5 82
Rattersdorf:	Heinz Reisinger	7443 Rattersdorf, Siebenbründlgasse 28	02611 / 33 22
Sieggraben:	Christine Riegler	7223 Sieggraben, Neugasse 8	0699 / 11 16 35 34
Stoob:	Renate Kutschi	7344 Stoob, Gartensiedlung 10	02612 / 32 95
Wiesen:	Margareta Trimmel	7203 Wiesen, Gartengasse 24	02626 / 81 0 15
Wulkaprodersdorf:	Anton Szuppin	7041 Wulkaprodersdorf, Rosengasse 6	02687 / 62 7 25

Landeskrippenverband Wien

Verbandsbüro:		1160 Wien, Herbststraße 114	0699 / 10 30 18 25
		www.krippe-wien.at	krippe.wien@aon.at
Obmann:	Walter Janca	1140 Wien, Maroltingergasse 7/2	01 / 91 42 823

Arbeitskreise und Gruppen, die mit Biblischen Figuren arbeiten

Kurse in Götzens, im Kloster „St. Josefsheim", Sr. M. Dolores Schneider
Kirchstraße 15, A-6091 Götzens, Tel.: 05234 / 328 83, oder 05234 / 333 39 - 20

Interessengemeinschaft der österreichischen KursleiterInnen für Biblische Figuren
www.biblische-figuren.at

Vereinigung KursleiterInnen Biblischer Figuren
www.vkbfs.ch

Arbeitsgemeinschaft Biblische Figuren (ABF e.V.)
www.abf-ev.de

Egli Figuren Arbeitskreis Deutschland (efa D e.V.)
www.egli-figuren.de

Egli Figuren Arbeitskreis Schweiz (efa ch)
www.egli-figuren-arbeitskreis.ch

Krippenmuseen

Krippenmuseum Fulpmes
Bahnhofstraße 11, A-6166 Fulpmes
Tel.: +43 (0) 5225 / 62 9 08
www.krippenmuseum.at
kontakt@krippenmuseum.at

Krippenmuseum Wenns
Peter Riml, Brennwald 305
A-6473 Wenns
Tel.: +43 (0) 664 / 25 21 676
peter-riml@aon.at

Krippenmuseum Dornbirn
Gütle 11 c, A-6850 Dornbirn
Tel.: +43 (0) 5572 / 20 06 32
www.krippenmuseum-dornbirn.at
krippenmuseum.dornbirn@cable.vol.at

Krippenmuseum Brixen
Diözesanmuseum Hofburg Brixen
Hofburgplatz 2, I-39042 Brixen
Tel.: +39 / 0472 / 83 05 05
www.hofburg.it
brixen@dioezesanmuseum.bz.it

Krippenmuseum Maranatha
Weißenbachstraße 15-17
I-39030 Luttach / Ahrntal Südtirol
Tel.: +39 0474 / 67 16 82
www.krippenmuseum.com
info@krippenmuseum.com

Bayerisches Nationalmuseum
Prinzregentenstraße 3,
D-80538 München
Tel.: +49 (0) 89 / 211 24-01
www.bayerisches-nationalmuseum.de
bay.nationalmuseum@bnm.mwn.de

Krippenmuseum Oberstadion
Kirchplatz 5/1
D-89613 Oberstadion
Tel.: +49 (0) 73 57 / 92.14-10
www.krippen-museum.de
bmweber@oberstadion.de

Oberauer Krippenmuseum
Verkehrsamt Oberau
Tel.: +49 (0) 8824 / 939 73
www.oberau.de info@oberau.de
oder:
Herr Rieser, Schmiedeweg 3
D-82496 Oberau
Tel.: +49 (0) 8824 / 87 50

Museum Aschenbrenner
Loisachstraße 44,
D-82467 Garmisch-Partenkirchen
Tel.: +49 (0) 8821 / 730 31 05
www.museum-aschenbrenner.de
mail@museum-aschenbrenner.de

ArsKrippana
Prümer Straße 55
D-53940 Losheim/Eifel
Tel.:+49 (0) 6557 / 866
www.ardenner-center.de
info@ardenner-center.net

Diorama Bethlehem
Größte Weihnachtskrippe der Welt.
Benzigerstrasse 23
CH-8840 Einsiedeln
Tel.: +41 (0) 55 / 412 26 17
www.diorama.ch,
info@diorama.ch

Internationale Krippenverbände

Liste der UN-FOE-PRAE-Mitglieder

Argentinien
Hermandad del Santo Pesebre Parroquia Madre Admirable, Arroyo 931, ARG-Buenos Aires
Ing. Melchor Esteban Serra Tel.: +54 (0) 11 / 4307-8126
santopesebre@hotmail.com

Belgien
Verband der Krippenfreunde Belgiens Auf Bockelter 8, D-54597 Schwirzheim
Mrs. Ria Krump Tel.: +49 (0) 65 58 / 310
peter.ria.krump@t-online.de

Deutschland
Landesgemeinschaft der Krippenfreunde in Rheinland und Westfalen Herrenstraße 1-2, D-48291 Telgte
Tel.: +49 (0) 250 / 493 120
Dr. Thomas Ostendorf post@kippenfreund.com, www.krippenfreund.com
Verband Bayerischer Krippenfreunde Lerchenstraße 18, D-93437 Furth im Wald
Johann Dendorfer Tel.:+49 (0) 997 / 3 948 1
dendorfer-krippe@t-online.de, www.krippenfreunde-bayern.de

Frankreich
Association Française des Amis de la Crèche Avenue Mirabeau 6, F-06000 Nice
Tel.: +33 (0) 493 / 85 09 60
Mme Michèle Benvenutti afac.nice@wanadoo.fr

Italien
Associazione Italiana Amici del Presepio Via Tor de' Conti 31/A, I-00184 Roma
Tel.: + 39 06 / 679 61 46
Sig. Alberto Finizio informazione@presepio.it
Verband der Krippenfreunde Südtirols Büro Kloster Muri – Gries, Grieserplatz 21, I-39100 Bolzano
Mag. Alexander Raich, Tel.: +39 0471/ 920 438
Pfarrer und Dekan krippenfreunde@muri-gries.it

Fürstentum Liechtenstein
Verein der Krippenfreunde Liechtensteins Im Rietle 25, FL-9494 Schaan
Tel.: +423 (0) 792 / 19 57
Hr. Klaus Brandl krippenfreunde@brandl.li

Malta
Association of Friends of the Crib, Gozo-Malta Triq ir-Repubblika, Victoria 22207, M-2631 Gozo, Malta
Tel.: +356 (0) 55 / 16 43
Mr. Joseph Galea

Niederlande
Vereniging „Vrienden van de
Kerstgroep" Nederland
Mrs. Ida Diemer-Van der Lugt

Beemdgras 19, NL-3902 Veenendaal
Tel.: +31 (0) 318 / 516 474
p.diemer@kpnplanet.nl, http://vriendenvandekerstgroep.nl

Österreich
Verband der Krippenfreunde
Österreichs
OSR Erwin Bartl

Sillgasse 5, A-6020 Innsbruck
Tel.: +43 (0) 512 / 580 513
krippe@tirol.com, www.krippe.at

Schweiz
Schweizerische Vereinigung der
Krippenfreunde
Yolanda Reinhard

Sonnenbergstrasse 39, CH-6052 Hergiswil
Tel.: +41 (0) 41 / 630 25 25
vhhe@gmx.net, www.krippen.ch

Spanien
Associació de Pessebristes de Barcelona
Sr. Jordi Capella De León

c/ LLadó 11 2n, E-08002 Barcelona
Tel.: +34 (0) 93 /.315.21 57
capellafanlo@hotmail.com

Asociación Belenista de Gipuzokoa
Sr. José Ignacio Viguera Imaz

Calle Arasate, 41 Bajo, E-20005 Donostia-San Sebastián
Tel.: +34 (0) 943 / 42 09 64
jiviguera@yahoo.es

Federació Catalana de Pessebristes
Sr. Josep Maria Porta Saburit

Calle Església 13, Vilanova i la Geltrú, E-088000 Barcelona
Tel.: +34 (0) 93 / 893 83 39
portsab@gmail.com

Federación Española de Belenistas
Sr. Iñigo Bastida Baños

c/ Escultor Fernández de Viana 15-4° Izq, E-01007 Vitoria-Gasteiz
Tel.: +34 (0) 618 / 606 908
inigo.bastida@gmail.com

Tschechische Republik
Ceské sdružení prátel betlému
Frau PhDr. Zita Suchankova

Zamek c.p.1, CZ-252 63 Roztoky u Prahy
Tel.: +420 / 233 029 033
reditelka@muzeum-roztoky.cz

USA
Friends of the Creche
Mr. James Govan

3619, N.-Nelson-Street, Arlinzon, Virginia 22207
info@friendsofthecreche.org, www.friendsofthecreche.org

Glossar

Abakusplatte	quadratisches Element am Kopf einer Säule
Ablängen	ein Holzstück in der richtigen Länge abschneiden
Astilbe	Gartenpflanze oder Strauch, auch Prachtspiere genannt, gehört zur Familie der Steinbrechgewächse
Auf-Lattung	Dachlatten, auf Sparren befestigte Holzlatten, die die Dachdeckung tragen
Basis	rundes Element am Fuß einer Säule
Berberitzen	Pflanzengattung, immergrüne und laubabwerfende Sträucher
Binder	horizontale Balken mit großer Spannweite, auch Fachwerkbinder genannt
Dekupiersäge	elektronische Ausführung einer Laubsäge
Duvetine	Gewebe mit samtähnlicher Oberfläche, auch Pfirsichhaut genannt
Fassung	Bemalung, bezeichnet die farbliche Gestaltung einer Skulptur oder Plastik
Fatschenchristkindl	in Tüchern eingewickeltes Christkind, meist aus Wachs
Firsthaube	Giebel, Abschlussbretter, die über die ganze Dachlänge reichen
Firstlade	stirnseitiges Holzbrett, Abdeckbrett, reicht von der Traufe bis zum First
Flämmpappe	Dachpappe, mit Bitumen getränkte Pappe
Fluggesperr	Giebel, straßenseitiger Dachvorbau
Galgen	Hängevorrichtung für Wasserkübel oder Ledersäcke bei Tiefbrunnen
Gesims	waagrechter, aus der Fassade hervortretender Mauerstreifen zur Betonung der Wandgliederung
Gloriawasser	Schnäpschen für Besucher, die kommen, um Krippen anzuschauen
Gloriole	Heiligenschein, Symbol für Heilige
Heuschober	zum Trocknen aufgeschichtetes Heu
Heustangger	Gerüst zum Trocknen von Heu, auch Heureiter oder Heumanderl genannt
Hirschhoadrich	Hirschheiderich oder Alpenazalee, wichtigste Pflanze für die Botanik beim Krippenbau

Kanneluren	Rillen am Schaft einer Säule
Kapitell	Element am Kopf einer Säule
Kehlbalken	horizontaler Balken, der die Pfetten verbindet
Konterlatten	Dachlatten
Krippelehoangart	Fachgespräch über Krippen
Krippeleschauger	Besucher, die kommen, um Krippen anzuschauen
Pfetten	Trägerholz, das Dach tragende Kantholz, auf das die Sparren genagelt werden
Plinthe	quadratisches Element am Fuß einer Säule
Postament	Sockel
Presslatten	mit Steinen beschwerte Holzlatten auf dem Schindeldach
Pudel	Streumaterial, gemahlenes Moos, gefärbte Sägespäne
Ringast	in Wasser aufgeweichter Weidenast, der als Zaunring verwendet wird
Rispe	wächst auf Felsplatten in alpinen Höhenlagen über 2500 m, Schafgarbengewächs
Rofen	Holzbalken, auf den die Dachlatten genagelt werden, reicht von der Traufe bis zum Giebel, auch Sparren genannt
Santons-Figuren	französisch provenzalische Krippenfiguren aus Ton
Schaft	Mittelteil einer Säule, meist rund
Schmelchgras	halbgetrocknetes Gras, wächst in höheren Lagen auf Almen
Sparren	Holzbalken am Dach, der von der Traufe bis zum First reicht, auch Rofen genannt
Stiefler	Holzstangen, die in den Boden gerammt werden, mit kreuzweise eingebohrten Holzstecken, zum Trocknen von Heu, auch Hiefler genannt
Stockholz	Fensterstock, Fensterrahmen
Tripi-Figuren	Tonfiguren aus Sizilien, bekleidet mit in Ton getränkten Stoffen
Türkenkolben	Maiskolben, auch Kukuruz genannt
Wachsbossierer	Wachsbildhauer, Wachszieher; jemand, der Wachsbilder formt

◆ Nachwort

Liebe Krippenfreunde!

Dass sich in der heutigen kurzlebigen und gestressten Zeit viele Menschen aller Bevölkerungsschichten mit dem Bau von Krippen beschäftigen, ist höchst erfreulich. Keine andere Form der sakralen und volkstümlichen Kunst fand jemals eine derart starke Ausprägung.

Dieses Buch soll zugleich ein praktisches Handbuch für den Anfänger und eine Zusatzlektüre mit vielen Denkanstößen, neuen Ratschlägen sowie brauchbaren Tipps und Ideen für den fortgeschrittenen Krippenbauer sein. Ich hoffe, dass alle, die sich für den Krippenbau interessieren, an diesem Buch großes Gefallen finden und viel Nützliches daraus in die Praxis umsetzen können. Wenn Sie beim Bau der Krippe auf irgendwelche Fragen oder Probleme stoßen, wenden Sie sich vertrauensvoll an den nächsten Krippenverband oder -verein in Ihrer Umgebung, der Sie sicher gerne berät und über das Kursangebot informiert.

Mein Dank gilt dem Löwenzahn Verlag, vor allem dem Verlagsleiter Markus Hatzer, für die Verwirklichung dieses Buches, allen Arbeitskolleginnen und Arbeitskollegen, die durch ihre fachliche, kompetente und angenehme Art zum Gelingen dieses Projektes beigetragen haben. Ich konnte durch die gemeinsame Arbeit sehr viel Neues lernen und viele schöne Eindrücke gewinnen.

Besonders bedanken möchte ich mich bei meiner Familie und bei meinen Mithelfern und Freunden im Krippenverein Götzens, die mir beim Bau der Musterstücke und Krippenteile behilflich waren. Bei allen Kursbesuchern meiner Krippenbaukurse, die mir in den vergangenen Jahren die Richtung vorgaben, mein Wissen zu erweitern und zu fördern. Das umfangreiche Bildmaterial konnte nur deshalb zu Stande kommen, weil mir die Krippenbesitzer ihre Krippen so großzügig bereitstellten, dafür vielen Dank. Frau Anni Jaglitsch, Obfrau des Krippenverbandes Tirol, möchte ich für das Vorwort danken.

Das Miteinander ist ein Grundsatz des Krippenwesens!

Ich wünsche allen Lesern und Krippenfreunden mit diesem Buch ein gutes Werken. Wenn es mir gelungen sein sollte, Ihr Talent und Ihre Schaffenskraft zu mobilisieren, um eine Krippe zu bauen, würde es mich sehr freuen!

Gloria et Pax
Günther Reinalter

„Die Krippe ist unter den Völkern
so etwas wie der Hausaltar
des kleinen Mannes geworden.
Nur die Musik und das Lied sind
den vielen Krippendarstellungen
ebenbürtig geblieben
und bejubeln auf ihre Weise
das Weihnachtswunder."

Richard Kolb, 1980

Faster